"一带一路"倡议与早期成果选编

"The Belt and Road" Initiative and Selection of Early Achievements

商务部编写组 编

新华出版社

序

从张骞的"凿空之旅"到郑和下西洋，丝路精神薪火相传，照亮了人类文明发展的漫漫征途。2013年，习近平主席在充分汲取历史智慧、准确把握国际国内大势、深刻思考人类前途命运的基础上，提出了共建丝绸之路经济带和21世纪海上丝绸之路的重大倡议，得到国际社会广泛关注和积极响应。

"一带一路"倡议聚焦发展这个根本性问题，秉持和平合作、开放包容、互学互鉴、互利共赢的丝路精神，以政策沟通、设施联通、贸易畅通、资金融通、民心相通为主要内容，以共商共建共享为建设原则，以推动形成全面开放新格局、促进世界和平发展为努力方向，致力于推动构建人类命运共同体，为破解当今世界面临的难题提出了中国方案。

"一带一路"倡议提出四年多来，逐步从理念转化为行动，从愿景转化为现实，合作成果丰硕，进展超出预期。100多个国家和国际组织参与其中，基础设施互联互通稳步推进，贸易投资合作快速发展，金融合作不断深化，一批重大合作项目落地生根，民众从合作中得到更多实惠，人文交流更加密切，心与心的距离进一步拉近。

中国共产党第十九次全国代表大会将习近平新时代中国特色社会主义思想确立为党的指导思想，作出中国特色社会主义进入新时代的重大论断，开启了全面建设社会主义现代化国家新征程。大会对"一带一路"建设作出了新部署，强调"中国坚持对外开放的基本国策，坚持打开国门搞建设，积极促进'一带一路'国际合作，努力实现政策沟通、设施联通、贸易畅通、资金融通、民心相通，打造国际合作新平台，增添共同发展新动力"。大会决定把推进"一带一路"建设写入《中国共产党章程》，这意味着推进"一带一路"建设上升为全党的共同意志,转化为全党的一致行动,充分表明了中国共产党和中国政府推进"一带一路"建设、推动世界和平发展的坚定决心。

为了让国内外各界进一步理解"一带一路"倡议的时代背景、深刻内涵、重大意义,充分了解"一带一路"建设早期收获成果,从典型案例中汲取经验、得到启发,共同推动"一带一路"建设行稳致远,我们组织编写了《"一带一路"倡议与早期成果选编》一书。希望通过本书的出版发行,凝聚推进"一带一路"建设的更多共识,形成推进"一带一路"建设的更大合力,开拓进取,深耕细作,推动"一带一路"国际合作不断取得新进展,携手打造和平之路、繁荣之路、开放之路、创新之路、文明之路,为构建人类命运共同体作出更大贡献。

是为序。

商务部部长

锺山

目　录

总　论

早期成果案例选编

总 论

第一章 "一带一路"倡议是充满东方智慧的中国方案

2013 年，习近平主席准确把握国际国内发展大势，高屋建瓴地提出了共建丝绸之路经济带和 21 世纪海上丝绸之路的重大倡议。"一带一路"倡议借用古丝绸之路的历史符号，为其注入新的时代内涵，是知古鉴今、面向未来的宏伟构想。倡议秉持的和平合作、开放包容、互学互鉴、互利共赢的丝路精神，来自古丝绸之路的启示，充满东方智慧。

一、"一带一路"的历史渊源

2000 多年前，勤劳勇敢的中国人民筚路蓝缕，穿越草原沙漠，开辟出联通亚欧非的陆上丝绸之路；扬帆远航，穿越惊涛骇浪，闯荡出连接东西方的海上丝绸之路。辉煌的古丝绸之路，打开了中外友好交往的新窗口，书写了人类发展进步的新篇章。

古丝绸之路是指起始于中国，连接亚洲、非洲和欧洲的古代商业贸易路线。在这条贸易通道上，中国的丝绸是最具代表性的货物，"丝绸之路"因而得名。古丝绸之路不仅是中外商贸往来的重要通道，也是东西方文化交流、亚欧非各国友好往来的友谊之路。

古丝绸之路形成于公元前 2 世纪与公元 1 世纪间，直至 16 世纪仍在使用。按历史划分为秦汉、隋唐、宋元、明清时期；按线路划分为陆上丝绸之路与海上丝绸之路。

陆上丝绸之路是连接中国腹地与欧洲的陆上商贸通道。公元前 138 年和公元前 119 年，汉武帝派张骞出使西域，从长安出发，两次到达中亚，被称为"凿空之旅"，从那时形成基本干道，此后汉朝使节频频出使西方，最远到达梨轩（今埃及亚历山大港）。公元前 60 年，汉朝在西域设立西域都护，标志着丝绸之路的发展进入了畅通和繁荣的新阶段。丝绸之路常因战乱而中断。东汉时期,班超父子两代人三次前往西域,打通了连接汉朝和西域的通路,史称"三绝三通"。隋唐时期,中国封建社会进入鼎盛时期。特别是唐朝生产发展、商业发达、文化繁荣、国力强盛,统治者开放包容,中亚西亚商人云集都城长安,东西方的贸易和文化交流盛况空前,古丝绸之路的发展达到了新的历史高度。唐朝安史之乱后,国力日渐衰落,西域逐步被吐蕃控制,丝绸之路交通受阻,贸易规模明显下降。宋朝政治与经济中心南移,海上丝绸之路逐渐取代了陆上丝绸之路。元朝时期,蒙古人统治了中西亚地区,丝绸之路短暂恢复,但由于明代前期致力于开拓海上通道,清朝实施闭关锁国政策,陆上丝绸之路逐渐衰落。

海上丝绸之路是连接古代中国与其他各国进行经济贸易往来及文化交往的海上通道。宁波、泉州、广州、北海等地的古港,至今都记载着海上丝绸之路的历史。由于航海技术水平低下,古代中国对海洋的探索受到很大限制。秦汉时期,东南沿海地方诸侯需要通过海外贸易维持统治,海上通道开始形成。唐代中后期和宋朝时期,经济重心逐步转向南方,海上运输和贸易逐步发展。宋朝商业、科技快速发展,指南针等航海技术广泛应用,海上丝绸之路在宋元时期达到了空前繁盛。明朝时期,郑和七次远洋航海,经历了亚非30多个国家和地区,最远到达了红海和非洲东海岸,规模远超葡萄牙、西班牙等国家的航海家,留下千古佳话。但明朝对民间实施海禁政策,海外航运贸易活动主要限于官方。清朝政府的闭关锁国政策,导致海上丝绸之路最终走向没落。

二、丝路精神是人类文明的宝贵遗产

古丝绸之路绵亘万里,延续千年,积淀了以和平合作、开放包容、互学互鉴、互利共赢为核心的丝路精神。丝路精神是东方智慧的结晶,是人类文明的宝贵遗产。今天,我们传承古丝绸之路精神,共建"一带一路",是历史潮流的沿续,也是面向未来的正确抉择。

和平合作：架起东西方合作的纽带、和平的桥梁

古丝绸之路上，张骞、郑和、马可·波罗等一代代"丝路人"，以坚忍不拔的意志，架起了东西方合作的纽带、和平的桥梁。他们之所以名垂青史，"是因为使用的不是战马和长矛，而是驼队和善意；依靠的不是坚船和利炮，而是宝船和友谊。"凡是和平时期，丝绸之路就畅通、兴盛；凡是战争时期，丝绸之路就衰落、中断。

今天，我们弘扬丝路精神，推进"一带一路"建设，要恪守联合国宪章的宗旨和原则，遵守和平共处五项原则，坚持主权平等，对话化解分歧，协商解决争端，共同维护地区安全稳定，营造和平稳定环境；维护国际公平正义，反对把自己的意志强加于人，反对干涉别国内政，不断推进国际关系民主化；加强对话沟通、平等交流，不搞以邻为壑，积极开展国际合作，优势互补，协同并进，共同打造和谐家园，建设和平世界。

开放包容：文明在开放中发展，民族在融合中共存

古丝绸之路跨越尼罗河流域、底格里斯河和幼发拉底河流域、印度河和恒河流域、黄河和长江流域，跨越埃及文明、巴比伦文明、印度文明、中华文明的发祥地，跨越佛教、基督教、伊斯兰教信众的汇集地，跨越不同国度和肤色人民的聚居地。不同文明、宗教、种族求同存异、开放包容，并肩书写了相互尊重的壮丽诗篇，携手绘就了共同发展的美好画卷。

今天，我们弘扬丝路精神，推进"一带一路"建设，要以海纳百川的胸襟，尊重文明多样性，求同存异、兼容并蓄、共生共荣，以文明交流超越文明隔阂、文明互鉴超越文明冲突、文明共存超越文明优越；维护和发展开放型世界经济，共同完善公正、合理、透明的国际经贸投资规则体系，推动经济全球化向更具活力、更加包容、更可持续的方向发展；积极参与全球治理和公共产品供给，构建繁荣、和平的人类命运共同体。

互学互鉴：文明因交流而多彩，文明因互鉴而丰富

古丝绸之路不仅是一条通商易货之道，更是一条知识交流之路。沿着古丝绸之路，中国将丝绸、瓷器、漆器、铁器传到西方，也从西方传入了胡椒、亚麻、香料、葡萄、石榴。沿着古丝绸之路，中国的四大发明传向世界，也为中国带来了佛教、伊斯兰教及阿拉伯的天文、历法、医药，文明成果烛照古今。

今天，我们弘扬丝路精神，推进"一带一路"建设，要博采众长、共同提高，从不同文明中寻求智慧、汲取营养，携手解决人类共同面临的各种挑战；尊重各国人民自主选择发展道路和模式的权利，鼓励不同文明间对话和交流，积极创造条件，让社会各阶层、各群体都参与进来，营造多元互动、百花齐放的人文交流局面，让文明互学互鉴成为增进各国人民友谊的桥梁、推动人类社会进步的动力、维护世界和平的纽带。

互利共赢：结伴成行相互借力，互惠互利共赢发展

古丝绸之路见证了陆上"使者相望于道，商旅不绝于途"的盛况，也见证了海上"舶交海中，不知其数"的繁华。阿拉木图、撒马尔罕、长安等重镇和苏尔港、广州等良港兴旺发达，罗马、安息、贵霜等古国欣欣向荣，中国汉唐迎来盛世。历史证明：零和思维已经过时，和衷共济、合作共赢，才能走出未来发展的新路子。

今天，我们弘扬丝路精神，推进"一带一路"建设，要坚持在开放中合作，在合作中共赢，兼顾各方利益和关切，寻求利益契合点和合作最大公约数，不画地为牢，不设高门槛，不搞排他性安排，反对保护主义，汇聚各方智慧和创意，各施所长，各尽所能，把各方优势和潜力充分发挥出来。

三、"一带一路"倡议的新内涵

"一带一路"根植历史，但面向未来；源自中国，但属于世界。"一带一路"倡议在汲取历史智慧的基础上，为促进全球发展合作提供了中国方案。

"一带一路"贯穿亚欧非大陆，一头是活跃的东亚经济圈，一头是发达的欧洲经济圈，中间广大腹地国家经济发展潜力巨大。丝绸之路经济带重点畅通中国经中亚、俄罗斯至欧洲（波罗的海）；中国经中亚、西亚至波斯湾、地中海；中国至东南亚、南亚、印度洋。21世纪海上丝绸之路重点方向是从中国沿海港口过南海到印度洋，延伸至欧洲；从中国沿海港口过南海到南太平洋。

根据"一带一路"走向，陆上依托国际大通道，以沿线中心城市为支撑，以重点经贸产业园区为合作平台，共同打造新亚欧大陆桥、中蒙俄、中国－中亚－西亚、中国－中南半岛等国际经济合作走廊；海上以重点港口为节点，共同建设通畅安全高效的运输大通道。积极推进中巴、孟中印缅经济走廊建设，不断取得更大进展。

"一带一路"建设的主要内容是政策沟通、设施联通、贸易畅通、资金融通、民心相通。政策沟通是重要保障，就是要与沿线国家就经济发展战略和对策充分交流对接，加强协调，增进互信，凝聚共识，为区域经济融合发展创造良好制度环境。设施联通是优先领域，就是要抓住关键通道、关键节点和重点工程，加快构建紧密衔接、畅通便捷、安全高效的互联互通网络。贸易畅通是先导，就是要深挖贸易增长潜力，提高贸易便利化水平，推动优势行业企业走出去，深化与沿线国家的经贸合作。资金融通是重要支撑，就是要促进金融合作，充分发挥开发性、政策性和商业性金融机构的作用，加大与多边金融机构合作力度。民心相通是目的，就是要扩大人文交流，为深化全方位务实合作奠定坚实的社会和民意基础。

"一带一路"建设需要各方积极参与，充分发挥比较优势，紧紧围绕"五通"，重点推动八大领域合作，逐步形成区域大合作格局。

一是促进基础设施互联互通。推进陆上经济走廊等骨干通道建设，打通缺失路段、畅通瓶颈路段。加强海上港口建设及运营管理，增加海上航线和班次，畅通陆水联运通道。拓展建立民航全面合作的平台和机制，畅通信息丝绸之路。加强各国交通规划、技术标准体系的对接，推进建立统一的全程运输协调机制，降低国际货物运输成本，提高运输效率。

二是提升经贸合作水平。相互扩大市场开放，深化海关、质检、电子商务、过境运输等全方位合作，提高沿线国家贸易便利化水平。培育贸易新的增长点，举办贸易投资促进活动，发展现代服务贸易和电子商务。积极与沿线有关国家和地区发展新的自贸关系，提高区域经济一体化水平。推动沿线国家经贸合作由简单商品贸易向更高级形式转变，形成贸易与投资良性互动、齐头并进的大好局面。

三是大力拓展产业投资。推动中国装备制造业和优势产能走出去，加快技术、标准和服务走出去，提升企业利用两个市场、两种资源的能力。在"一带一路"主要交通节点和港口共建一批经贸合作园区，吸引各国企业入园投资，形成产业示范区和特色产业园，带动沿线国家增加就业、改善民生。

四是深化能源资源合作。深化能源资源生产、运输和加工等多环节合作，加强能效和新能源开发等领域的合作，提升能源资源深加工能力。重点加强与沿线国家的油气资源合作，进一步巩固和扩大能源资源的运输通道，强化海上油气资源合作和运输安全。

五是拓宽金融合作领域。发挥好亚洲基础设施投资银行和丝路基金作用，加强双边政策资金的合作，吸引社会资金参与，为"一带一路"建设提供支撑。扩大双边本币互换的规模，扩大贸易本币的结算，推进亚洲货币稳定体系、投融资体系和信用体系建设，加快人民币走出去的步伐。

六是密切人文交流合作。促进不同层次、领域的人文交流，提升民众在人文交流中的主体地位，不断完善官民并举、多方参与的人文交流格局。坚持弘扬和传承丝路精神，把中国倡议变成国际共识，为深化合作奠定坚实的民意基础，推动教育、科技、文化、旅游、社会事业等领域的深化合作。

七是加强生态环境保护合作。与沿线国家和地区建立有效的对话机制和联动机制，规划实施一批各方共同参与的生态环保项目，提升区域内生态建设和环境保护水平，促进防灾减灾合作，共建绿色丝绸之路。

八是积极推进海上合作。深化农业渔业互联互通、海洋环保、航道安全、海上搜救、防灾减灾等领域的合作，以海水养殖、海洋渔业加工、新能源和可再生能源、海水淡化、海洋生物制药、环保和海上旅游等产业为重点，合作建立一批海洋经济示范区、海洋合作科技园、境外经贸合作区和海洋人才培训基地。

第二章 "一带一路"建设是构建人类 命运共同体的伟大探索

　　世界正处于大发展大变革大调整时期。和平与发展仍然是时代主题,世界多极化、经济全球化、社会信息化、文化多样化深入发展,全球治理体系和国际秩序变革加速推进,各国相互联系和依存日益加深,国际力量对比更趋平衡,和平发展大势不可逆转。同时,世界面临的不稳定性不确定性突出,世界经济增长动能不足,贫富分化日益严重,地区热点问题此起彼伏,非传统安全威胁持续蔓延,和平赤字、发展赤字、治理赤字,是摆在全人类面前的严峻挑战。"一带一路"建设着眼于促进各国之间深化合作,加强不同文明交流互鉴,对于破解世界发展难题,完善全球经济治理,维护和发展开放型世界经济,推动开放、包容、普惠、平衡、共赢的经济全球化,推动构建人类命运共同体具有重大意义。

一、"一带一路"建设有利于破解世界发展难题

　　发展是人类社会永恒的主题。国际金融危机爆发至今,世界经济深度调整,复苏进程艰难曲折,国际贸易和跨国投资萎靡不振,世界经济陷入低增长、低通胀、低需求和高失业、高债务、高泡沫的"新平庸"。尽管经济全球化深入发展的大势没有改变,以开放促发展、以合作图共赢仍然是世界发展的主流,但国际社会也出现了一些"去全球化"、"逆全球化"的声音,一些国家甚至采取加严贸易投资保护等不合时宜的做法。世界经济增长需要新动力,发展需要更加普惠平衡,贫富差距鸿沟有待弥合。当今世界的很多冲突和矛盾,往往是发展不充分不平衡的反映。"一带一路"倡议正是在聚焦发展这个根本性问题的前提下提出来的。

　　"一带一路"沿线国家地缘相近、人缘相亲、文缘相通,深化经济合作,加强人文交流具备坚实基础。各国发展阶段和发展基础不同,要素禀赋和产业

结构差异较大，拥有不同的比较优势，具有很强的经济互补性。有的国家能源资源富集但开发力度不够，有的国家劳动力充裕但就业岗位不足，有的国家市场空间广阔但产业基础薄弱，有的国家基础设施建设需求旺盛但资金紧缺。"一带一路"为各国发挥自身优势，加强互利合作，实现共同发展搭建了一个新平台。各国通过参与"一带一路"建设，扩大贸易投资往来，深化产业合作，推进国际经济走廊建设，完善金融保障体系，可以释放发展潜力、拓展市场空间，形成新的经济增长点，创造更多的市场需求和就业机会，增强内生增长动力和抗风险能力，增进普通民众福祉，把经济的互补性转化为发展的互助力，从根本上化解造成各种冲突和矛盾的根源。

"一带一路"建设致力于打造全方位、立体化、网络状的大联通，加强基础设施建设和互联互通，有利于打破经济发展瓶颈，为加快工业化、城镇化创造条件。"一带一路"建设将进一步提高沿线国家贸易投资便利化、自由化水平，促进区域乃至全球的要素有序自由流动、资源高效配置和市场深度融合，有利于完善世界市场机制，降低交易成本，提高有效供给来催生新的需求，实现更加平衡可持续发展。"一带一路"倡导以开放、包容的态度考虑各国的主张和诉求，强调经贸规则的互联互通，强调互利共赢、协调发展，有利于更多发展中国家融入全球价值链、产业链、供应链，共享经济全球化的红利，符合发展规律，为破解全球发展难题贡献了中国智慧、中国方案，为开放型世界经济发展注入了新动力。

二、"一带一路"建设有利于全球治理体系改革和建设

二战后，世界各国携手合作，共同创建了以联合国为核心，以国际货币基金组织、世界银行、世界贸易组织三大机构为主体的全球治理体系，涉及贸易、投资、金融、发展合作等一整套制度安排。70多年来，世界总体保持了和平稳定，人类的发展事业取得了前所未有的进步。当前，国际政治经济格局发生深刻变

革，人类面对巨大挑战，现有的全球治理理念、体系和模式越来越难以适应和应对。国际经贸规则面临重构，多边贸易体制发展坎坷，现有的多边金融机构难以满足全球日益增长的融资需求，难以适应防控区域性和全球性金融风险的需要。世界各国尤其是新兴经济体和发展中国家，希望全球治理体系更加完善、更符合世界生产力发展要求、更有利于共同发展，对变革全球治理体系的呼声日益高涨。中国综合国力不断增强，国际地位不断提升，国际影响力、感召力、塑造力进一步提高，在全球治理体系和国际秩序变革的重要时点上，日益走近世界舞台中央。作为负责任的大国，中国有责任也有能力提出更多中国倡议、中国主张，为全球治理体系改革和建设作出贡献。

"一带一路"倡议秉持的丝路精神根植于中华传统文化，反映了人类共同价值追求和当代国际关系现实，符合联合国宪章所确定的国际关系基本准则，极大地丰富和发展了国际关系理论，为全球治理体系改革和建设提供了新的国际公共产品。"一带一路"倡议不是另起炉灶，而是对现有全球治理体系的有益补充和完善，最终目的是合作共赢、共同发展，让更多国家共享合作成果。"一带一路"倡议的共商共建共享原则，已经上升为新时代中国的全球治理观。

"一带一路"倡议超越民族、宗教和文化意识形态，摒弃霸权主义和强权政治，摒弃零和游戏和冷战思维。坚持不以意识形态和价值观划线，各国都有平等参与的权利；坚持不搞封闭小圈子，更不具排他性，对所有国家或经济体、国际组织、区域合作机制和民间机构开放；坚持继承创新、主动作为，推动现有国际秩序、国际规则增量改革，与现有机制互为助力、相互补充；坚持在相互尊重的基础上，把文明多样性和各国差异性转化为促进发展的活力与动力。"一带一路"倡议顺应了世界各国改革国际经济治理机制的呼声与需求，有利于推动现有国际秩序、国际规则朝着更加公正合理的方向发展，促进全球治理体系更加平衡有序，受到国际社会高度评价。联合国报告曾经指出，中国提出共建"一带一路"倡议，是中国在国际合作和全球治理新模式上的积极探索。

三、"一带一路"建设有利于推动构建人类命运共同体

人类生活在同一个地球村，世界各国相互联系和依存日益加深，面临着合作与竞争并存的复杂选择，也需要共同面对诸多全球性问题和挑战。不管是大国还是小国，不管是发达国家还是发展中国家，没有哪个国家有能力独自应对这些挑战，也没有哪个国家能够退回到自我封闭的孤岛。政治协作、互相联动、机遇共享、共同发展成为当今人类和平共处的有效形式，你中有我、我中有你、相互依存、命运与共的利益交融关系日益凸显。基于对"世界怎么了、我们怎么办"的深入思考，习近平主席站在人类历史发展进程的高度，以大国领袖的责任担当，提出了构建人类命运共同体的重要思想。"一带一路"建设以构建人类命运共同体为最高目标，是构建人类命运共同体的重要途径。

"一带一路"倡议以开放、合作、互利、共赢的理念，推动各国各界交流沟通，增进理解互信，拉紧利益纽带，建立平等相待、互商互谅的伙伴关系，是一个具有广泛包容性的合作平台，高度契合各国发展需求和共同利益，顺应了发展、合作、共赢的时代潮流，顺应了各国人民的共同期盼，为21世纪国际与地区合作提供了新模式，对于推动构建人类命运共同体具有重要意义。

中国人民的梦想与世界人民的梦想息息相通，中国梦与世界梦紧密相连。"一带一路"倡议把中国的发展同各国的发展紧密结合起来，为中国与世界各国分享发展经验、共享发展机遇搭建了桥梁。世界各国特别是发展中国家，正在抓紧调整发展战略，不断探索最优的发展路径。中国改革开放和社会主义现代化建设取得历史性成就，中国特色社会主义道路、理论、制度、文化不断发展，拓展了发展中国家走向现代化的途径，给世界上那些既希望加快发展又希望保持自身独立性的国家和民族提供了全新选择，为这些国家探索适合本国国情的发展道路提供了有益借鉴。

中国是世界第二消费大国，拥有巨大的市场潜力，预计未来 15 年，中国将进口 24 万亿美元的商品和服务，对外投资总额将达到 2 万亿美元，这将为世界各国提供巨大的商机。共建"一带一路"过程中，中国将通过与相关国家加强经贸合作，在自身发展的同时，让更多的发展中国家搭乘中国发展的快车和便车，促进世界各国互利发展、共同繁荣，为构建人类命运共同体奠定坚实基础。

第三章 "一带一路"建设是推动形成全面开放新格局的重大举措

适应和引领经济发展新常态，推动中国经济高质量发展，需要主动参与和推动经济全球化进程，发展更高层次的开放型经济。"一带一路"是中国对外开放和经济外交的顶层设计，是扩大对外开放和推行互利共赢的重要平台。党的十九大提出，"坚持对外开放的基本国策，坚持打开国门搞建设，积极促进'一带一路'国际合作"，"推动形成全面开放新格局"。"一带一路"建设有利于中国深度融入世界经济，实现陆海内外联动发展，有利于中国东中西部协同开放，落实区域协调发展战略，有利于中国提高对外开放层次，培育国际合作竞争新优势，对于推动形成全面开放新格局具有重大意义。

一、有利于深度融入世界经济，实现陆海内外联动发展

改革开放以来，在中国共产党的坚强领导下，中国特色社会主义建设取得了举世瞩目的伟大成就。特别是党的十八大以来，中国经济社会发展取得全方位、开创性成就，实现了深层次、根本性变革。中国已成为世界第二大经济体，连续8年保持全球货物贸易第一大出口国和第二大进口国地位，利用外资连续25年居发展中国家首位，对外投资跃居全球第二位，综合国力和国际地位显著提升，日益走近世界舞台的中央。中国经济已经深度融入世界经济，国内外经贸往来之密、要素流动之广、市场融合之深前所未有，中国发展越来越离不开世界，世界发展也越来越依靠中国。

随着经济发展进入新常态，中国经济增长速度正从高速增长转向中高速增长，经济发展方式正从规模速度型粗放增长转向质量效率型集约增长，经济结构正从增量扩能为主转向调整存量、做优增量并举的深度调整，经济发展动力正从主要依靠资源和低成本劳动力转向创新驱动。中国进入转变发展方式、优

化经济结构、转换发展动力的攻关期，要素成本优势弱化，资源环境约束加剧，跨越"中等收入陷阱"的任务艰巨。中国经济发展进入新常态，是中国经济发展阶段性特征的必然反映，适应和引领经济发展新常态，是促进中国经济持续健康发展的必然要求。

开放是国家繁荣发展的必由之路。以开放促改革、促发展，是中国现代化建设不断取得新成就的重要法宝。在新的历史起点上，决胜全面建成小康社会、夺取新时代中国特色社会主义伟大胜利，实现中华民族伟大复兴的中国梦，需要更好地统筹国内国际两个大局，利用好国际国内两个市场两种资源，促进内外资源优化配置，需要主动参与和推动经济全球化，发展更高层次的开放型经济。"一带一路"建设作为中国扩大对外开放的重大举措和经济外交的顶层设计，重点面向亚欧非大陆，同时向所有国家开放，倡导以"五通"为主要内容的全方位务实合作，有利于国内与国外的联动发展、对内开放与对外开放的相互促进，加快形成面向全球的贸易、投融资、生产、服务网络，打开了对外开放的新天地，充实了对外开放的新内涵，开创了对外开放的新境界。

二、有利于东中西部协同开放，落实区域协调发展战略

实施区域协调发展战略是贯彻新发展理念、建设现代化经济体系的重要方面。长期以来，受地理区位、资源禀赋、发展基础等因素影响，中国不同区域之间发展差距较大，开放型经济发展不平衡，对外开放东快西慢、海强陆弱的局面没有根本改变，内陆和沿边地区总体上还是对外开放的洼地。西部地区国土面积占全国的72%，人口占全国的27%，经济总量占全国的20%，但进出口总额仅占7%，利用外资和对外投资分别占7.6%和7.7%。中部地区拥有广阔腹地，劳动力相对充裕，但开放型经济发展潜力尚未充分发挥。东部沿海地区开放型经济优势较为明显，但土地和劳动力等要素资源紧缺、环境承载能力有限，产业结构需要加快调整，发展动力需要加快转换，转型升级的任务艰巨。

"一带一路"建设将国内区域协同与对外开放更紧密地结合起来，有利于

充分发挥各地比较优势，加强东中西互动合作，为区域协调发展注入了新动力。"一带一路"建设以沿边地区为前沿，以内陆重点经济区为腹地，以东部沿海地区为引领，同西部开发、东北振兴、中部崛起、东部率先发展、沿边开发开放联动，与京津冀协同发展和长江经济带发展密切配合，有利于中西部地区从对外开放的末端成为前沿，从对外开放的洼地变为高地，为东中西部协同开放、落实区域协调发展战略提供了历史性机遇。

"一带一路"倡议提出以来，各地发挥自身优势积极参与，对外开放水平进一步提高。中西部地区依托资源、产业、交通等便利条件，拓展与相关国家经贸合作，与周边国家的基础设施互联互通水平快速提升，十几条中欧班列线路联结中西部地区与欧洲市场，边境经济合作区、跨境经济合作区建设稳步推进，承接产业转移的步伐加快，对外开放取得突破性进展。东部沿海地区依托开放程度高、经济实力强的优势，提升与相关国家经贸合作层次，布局海外市场、配置全球要素资源的能力进一步增强。

三、有利于提高对外开放层次，培育国际合作竞争新优势

当前，新一轮产业革命和科技革命蓄势待发，国际产业分工格局加速调整，全球产业链、价值链深度整合，各国围绕资源、产业、市场、技术、人才、标准的竞争更趋激烈，经济全球化规则面临重塑。经过改革开放近40年的快速发展，中国要素禀赋结构发生重大变化，参与国际产业分工模式面临新挑战，参与国际合作竞争的传统优势正在弱化。"一带一路"建设立足高水平对外开放，注重提高对外经济合作的质量效益，为培育国际合作竞争新优势提供了有力支撑。

"一带一路"建设推动对外贸易由大进大出向优进优出转变，越来越多的中国企业更加注重研发设计、不断提高产品的技术含量和附加值，越来越多的中国装备、技术、标准、服务成功走出去，中国制造、中国建设、中国服务在沿线国家越来越受到欢迎，"中国品质"、"中国品牌"在沿线国家赢得广泛

赞誉。中国积极扩大自沿线国家的进口，在拉动相关国家经济增长的同时，缓解了国内能源资源瓶颈，引进了国内急需的设备和技术，为中国消费者提供了更丰富的选择、更优质的服务、更满意的体验。

"一带一路"建设推动中国的跨国投资由引进来为主向引进来与走出去并重转变。很多中国企业通过对外投资构建跨国产业链、价值链，在拉动东道国经济增长、促进东道国社会进步的同时，提高了在全球范围内配置资源要素的能力，提升了国际化经营能力和全球竞争力。中国的外资流入逐步向高端制造业、现代服务业等行业聚集，带来了更多先进技术、管理经验和高素质人才，形成了更大的溢出效应，也为外国投资者创造了更多发展机会。经济开发区、国际产业合作园区的建设，促进了产业集聚和产业结构的提升。

随着"一带一路"建设的深入推进，中国同发展中国家的团结合作进一步加强，正在形成遍布全球的伙伴关系网络。中国推进经济全球化、构建开放型世界经济等主张得到了越来越多国家的积极支持，越来越多的中国倡议正在成为国际共识，越来越多的中国方案正在转化为国际行动，有助于中国提升在国际经贸规则制定和全球经济治理中的话语权。

第四章　共商共建共享是"一带一路"建设的原则

习近平主席指出，"'一带一路'建设秉持的是共商、共建、共享原则，不是封闭的，而是开放包容的；不是中国一家的独奏，而是沿线国家的合唱。'一带一路'建设不是要替代现有地区合作机制和倡议，而是要在已有基础上，推动沿线国家实现发展战略相互对接、优势互补。"共商共建共享解决了"一带一路"怎么建、谁来建、为谁建的问题，是"一带一路"建设的重要原则。

一、"共商"解决怎么建的问题

共商，就是集思广益，好事大家商量着办，使"一带一路"建设兼顾多方利益和关切，体现多方智慧和创意。

共商要在"一带一路"建设中，坚持国家不分大小、强弱、贫富，都是国际社会平等一员，发达国家和发展中国家平起平坐，在国际事务中享有平等话语权。"一带一路"沿线国家数量众多，各国发展水平、经济规模、文化习俗等差别很大，以共商为基础，沿线各国作为平等参与者都可以参与到协商中来，兼顾各方利益和关切，才能切实凝聚力量、体现各方智慧。

共商要彼此尊重、聚同化异。经济全球化使各国间的共同利益增多，彼此间形成了不可分割的利益共同体和你中有我、我中有你的命运共同体，完善国际机制、遵守国际规则、追求国际正义成为多数国家的共识。共商倡导通过共同协商达成共识、寻求共同利益，形成以合作共赢为核心的新型国际关系，推动构建人类命运共同体。

共商要实现战略对接、市场对接、项目对接。发展战略是关乎一国未来的重大抉择和顶层设计，具有全局性、长远性和引领性。通过双边或多边沟通和磋商，各国就经济发展战略和对策进行充分交流，协商制定促进区域合作的规划和措施，实现发展战略的对接。

"九层之台，起于累土。" 项目对接是夯实丝路合作的基石。共同商定符合双方利益诉求的项目，可以带动沿线国家乃至区域的发展，将丝路的愿景和蓝图化作一块块结实的铺路石，延绵千里。

沟通协商是化解分歧的有效之策。市场对接，就是要各方共同协调，共同维护世界贸易组织规则，支持开放、透明、包容、非歧视性的多边贸易体制，建设开放型世界经济。

二、"共建"解决谁来建的问题

共建，就是各施所长，各尽所能，把优势和潜能充分发挥出来，聚沙成塔，积水成渊，持之以恒加以推进。

随着经济全球化的深入发展，世界各国的利益和命运更加紧密地联系在一起。很多问题不再局限于一国内部，很多挑战也不再是一国之力所能应对，全球性挑战更需要各国通力合作来应对。"一带一路"建设是各国开放合作的宏大经济愿景，各国只有激发发展活力与合作潜力，携起手来，朝着互利互惠、共同安全的目标相向而行，才能共同应对挑战，实现共同发展，共创美好未来。"一带一路"建设着眼于促进全球共同发展，它不是中国的独舞，而是相关国家共同参与的交谊舞、集体舞，是实现优势互补、追求互利共赢的合作共建。

共建强调各方集思广益，群策群力。各国都是"一带一路"建设平等的参与者、贡献者和受益者。"一带一路"建设坚持求同存异、兼容并蓄，给予各国平等参与的权利。"一带一路"建设不是中国版的"马歇尔计划"，不是地缘政治的工具，而是追求共同努力、合作共赢、和谐共存。

共建强调各国优势互补、各取所长。要以"共建"为途径，把沿线各国的资金、资源、技术、人才、区位等比较优势充分发挥出来，把沿线各国的发展潜能充分调动起来，优势互补，各取所长，协同推进实施一批各方认可、条件成熟的项目，共同谱写"一带一路"新篇章。

共建强调开放合作，和谐包容。"一带一路"建设植根于丝绸之路的历史土壤，向所有朋友开放。不论来自亚洲、欧洲，还是非洲、美洲，都是"一带一路"建设国际合作的伙伴。中国愿与相关国家一道，共同努力，兼顾各方利益，反映各方诉求，充实合作内容，创新合作方式，携手推动更大范围、更高水平、更深层次的大开放、大交流、大融合。

三、"共享"解决为谁建的问题

共享，就是让建设成果更多更公平惠及沿线各国人民，打造利益共同体和命运共同体。

共享要实现平等发展、共同分享。2000 多年前，人类先辈怀着友好交往、谋求发展的朴素心愿，开辟了古丝绸之路，迎来了人类文明史上的大交流时代。如今，"一带一路"建设依然是为了实现各国人民对美好生活的向往，增进全人类的共同福祉。"一带一路"基于但不限于古代丝绸之路的范围，最大限度容纳各方的利益诉求和治理观念，每个参与国家及其人民都享有平等的发展机会，分享世界经济发展成果。

共享要实现互惠互利、多赢共赢。"一带一路"沿线大多是发展中国家，面临着许多经济发展等问题，"一带一路"建设为解决这些问题提供新的思路和框架，从经贸合作、发展理念、改革经验等方面实现全方位的成果共享。"一带一路"建设把沿线各国人民紧密联系在一起，坚持要合作而不要对抗，要双赢、多赢、共赢，而不要单赢，在开放中分享利益，在共赢中实现共享，让不同国家、不同阶层、不同人群共享建设成果，实现各国联动增长、走向共同繁荣。

共享要实现开放交流、分享经验。"一带一路"建设不是空洞的口号，而是看得见、摸得着的实际举措。当蓝图变成一个个工程和项目，才算走实了这条带、这条路。通过"一带一路"建设，中国的开放之门越开越大，各国企业和商品更加便捷地进入中国市场，共享中国改革发展与经济增长带来的机遇；中国企业、中国投资、中国技术、中国人才更多走向海外，中国发展经验与世界各国交流共享，为建设美好世界贡献更多中国智慧。

第五章 "一带一路"建设迈出坚实步伐

"一带一路"倡议提出以来，相关国家紧紧围绕政策沟通、设施联通、贸易畅通、资金融通、民心相通，建立从官方到民间的多层次合作机制，深化互联互通、贸易投资、产能合作等多个领域的务实合作，推动多种形式的人文交流，"一带一路"建设逐渐从理念转化为行动，从愿景转变为现实，取得了丰硕成果。

一、政策沟通不断深化

政策沟通是"一带一路"建设的重要保障。4 年多来，中国与相关国家加强政府间合作，构建多层次沟通交流机制，增进政治互信，凝聚合作共识，利益融合进一步加深。

高层访问为共建"一带一路"提供了强大政治动力。"一带一路"倡议提出以来，习近平主席、李克强总理等国家领导人的出访足迹遍布中亚、东南亚、南亚、中东欧等"一带一路"相关国家和地区。推动共建"一带一路"是高访的重要内容之一，得到了相关国家和国际组织的积极回应，形成了包括签署合作协议、推动重大项目建设、扩大各领域交流合作等一系列成果。

系列峰会是政策沟通的重要平台。2017 年 5 月，"一带一路"国际合作高峰论坛的成功主办，标志着共建"一带一路"进入新阶段。高峰论坛期间，中国同与会国家和国际组织进行了全面的政策对接，签署了一系列合作文件，形成了 5 大类、76 大项、270 多项成果清单。习近平主席代表中国政府宣布丝路基金增资、鼓励金融机构开展人民币海外基金业务、举办中国国际进口博览会、未来 3 年向参与"一带一路"建设的发展中国家提供不少于 600 亿元人民币的援助等重大举措，在国际社会引起广泛反响，得到普遍赞誉。在上合组织峰会、金砖国家领导人会晤、亚信峰会等多边平台上，"一带一路"政策沟通也都取得了一系列成果。

多双边合作机制是政策沟通的有效渠道。4 年多来，中国同 40 多个国家和国际组织签署了合作协议，同 30 多个国家开展机制化产能合作。"一带一路"国际合作高峰论坛期间，中国与相关国家签署了一批对接合作协议和行动计划，与蒙古国、巴基斯坦、克罗地亚、阿尔巴尼亚、东帝汶、新加坡等国签署了政府间"一带一路"合作谅解备忘录，与联合国开发计划署、联合国工业发展组织、联合国人类住区规划署、联合国儿童基金会、联合国人口基金等有关国际组织签署了"一带一路"合作文件。

4 年多来，中国积极推动"一带一路"倡议与沿线国家的发展战略和发展规划对接，包括俄罗斯提出的欧亚经济联盟、东盟提出的互联互通总体规划、哈萨克斯坦"光明之路"、土耳其"中间走廊"、蒙古国"发展之路"、越南"两廊一圈"、老挝"陆锁国变陆联国"战略、印度尼西亚"全球海洋支点"规划、斯里兰卡"2025 愿景"、沙特阿拉伯"2030 愿景"、波兰"琥珀之路"、英国"英格兰北方经济中心"、欧盟"欧洲投资计划"等，达成一系列共识。与匈牙利、柬埔寨、缅甸等国的规划对接工作也全面展开。各方通过政策沟通和战略对接，取得了"一加一大于二"的效果。

二、设施联通不断加强

道路通，百业兴。基础设施互联互通是"一带一路"建设的优先领域。4 年多来，中国与相关国家加强基础设施建设规划、技术标准体系的对接，共同推进国际骨干通道建设，共同规划实施了一大批互联互通项目，以中巴、中蒙俄、新亚欧大陆桥等经济走廊为引领，以陆海空通道和信息高速路为骨架，以铁路、港口、管网等重大工程为依托，一个复合型的基础设施网络正在形成。

交通基础设施方面，雅万高铁、中老铁路、匈塞铁路相继开工，蒙内铁路、亚吉铁路建成通车。中巴喀喇昆仑公路二期升级改造、比雷埃夫斯港、汉班托塔港、瓜达尔港等标志性项目建设取得进展。白俄罗斯铁路电气化改造、乌兹别克斯坦铁路隧道、喜马拉雅航空、中马友谊大桥等项目将有效提升所在国运输能力和交通便捷程度。

能源设施方面，中俄原油管道、中国－中亚天然气管道 A/B/C 线保持稳定运营，中国－中亚天然气管道 D 线和中俄天然气管道东线相继开工，中巴经济走廊确定的能源领域优先实施项目陆续启动。中巴经济走廊、大湄公河次区域等区域电力合作取得实质性进展。中国企业参与建设的吉尔吉斯斯坦达特卡－克明输变电工程、巴基斯坦卡洛特水电站等项目相继落地，有助于缓解当地电力不足。

信息网络方面，中国通过国际海缆可连接美洲、东北亚、东南亚、南亚、大洋洲、中东、北非和欧洲地区，通过国际陆缆连接俄罗斯、蒙古国、哈萨克斯坦等国，延伸覆盖中亚、东南亚、北欧地区。中国政府有关部门与土耳其、波兰等国机构签署了《关于加强"网上丝绸之路"建设合作促进信息互联互通的谅解备忘录》，推动互联网和信息技术、信息经济等领域合作。

中国还积极与相关国家进行建设规划和技术标准体系对接，促进运输便利化，与 15 个"一带一路"沿线国家签署了 16 个双多边运输便利化协定，与 47 个沿线国家签署了 38 个双边和区域海运协定，与 62 个国家签订了双边政府间航空运输协定。

三、贸易畅通不断提升

贸易投资合作是"一带一路"建设的重点内容。4 年多来，中国与相关国家共同推动贸易投资便利化，密切贸易联系，促进双向投资，推进自由贸易区建设，经贸合作的领域不断扩大，层次不断提升，中国制造、中国建设、中国服务受到越来越多沿线国家的欢迎，沿线国家更多的产品、服务、技术、资本也源源不断地进入中国。

在贸易便利化方面，中国与"一带一路"沿线国家共同推进海关大通关体系建设，与沿线海关开展"信息互换、监管互认、执法互助"合作。启动国际贸易"单一窗口"试点，加快检验检疫通关一体化建设，实现"进口直通、出口直放"，在部分口岸开辟农产品快速通关"绿色通道"。与"一带一路"沿线国家和地区签署了 78 项合作文件，推动工作制度对接、技术标准协调、检验结果互认、电子证书联网。

在贸易促进方面，中国利用广交会、中国国际投资贸易洽谈会、中国 – 东盟博览会、中国 – 南亚博览会、中国 – 中东欧博览会、中国 – 亚欧博览会、中国 – 阿拉伯国家博览会等平台，帮助中国与沿线国家企业发现更多合作商机，拓展贸易渠道。中国各地方政府也举办了一系列以"一带一路"为主题的贸易促进活动，取得良好效果。

中国与"一带一路"沿线经济体积极开展自由贸易协定谈判。中国 – 东盟自贸区实现升级，中国 – 格鲁吉亚、中国 – 马尔代夫自由贸易协定签署，区域全面经济伙伴关系协定（RCEP）谈判取得积极进展。与一些国家的自由贸易协定可行性研究也在积极推进。中国商务部与 83 个国家相关部门及国际组织共同发布推进"一带一路"贸易畅通合作倡议。

在促进双向投资方面，中国深化对外投资体制改革，完善对外投资的服务保障，积极对外商签双边投资协定和避免双重征税协定。截至 2016 年底，与中国签署双边投资协定的"一带一路"沿线国家达到 53 个，签署避免双重征税协定的沿线国家达到 54 个。大力推进简政放权，放宽外资准入，加快推进自由贸易试验区建设，努力营造国际化、法治化的营商环境，吸引各国来华投资。

中国积极推进境外经贸合作区建设，打造产业集聚的重要载体和产能合作的重要平台，截至目前，中国企业在"一带一路"沿线 24 个国家推进建设经贸合作区 75 个，累计投资超过 270 亿美元，入区企业超过 3000 家，上缴东道国税费 22 亿美元，为当地创造 21 万个就业岗位。

"一带一路"倡议提出以来，在全球贸易持续低迷的背景下，中国与"一带一路"沿线国家的贸易规模不断扩大、结构持续优化。2014 – 2016 年，中国与"一带一路"沿线国家货物贸易总额超过 3 万亿美元，占同期中国货物贸易总额的 1/4 强。2017 年 1 – 10 月，中国与"一带一路"沿线国家货物进出口总额 8761 亿美元，同比增长 14.8%，高出同期中国货物进出口整体增速 3.2 个百分点。"一带一路"沿线国家成为中国对外投资的重要目的地，2013年至2017年10月底，中国企业累计对"一带一路"沿线国家直接投资近600亿美元。

四、资金融通不断扩大

血脉通，增长才有力。资金融通是"一带一路"建设的重要支撑。4年多来，中国与相关国家开展了多种形式的金融合作，努力构建金融机构和金融服务网络新格局，创新国际化融资机制，打造新型合作平台，逐步形成层次清晰、初具规模的"一带一路"金融合作网络，为打破"一带一路"建设的融资瓶颈创造了条件。

加强金融合作机制对接，发挥东盟与中日韩（10+3）金融合作机制、上合组织财长和央行行长会议、上合组织银联体、中国－东盟银联体等机制作用，加强金融政策沟通。推进清迈倡议多边化，建立2400亿美元的区域外汇储备，促进地区金融形势稳定。中国与亚洲基础设施投资银行、金砖国家新开发银行、世界银行及其他多边开发机构共同制定发布了"一带一路"融资指导原则。

截至2016年底，亚洲基础设施投资银行已为9个项目提供了17亿美元贷款，涉及印度尼西亚、塔吉克斯坦等国的能源、交通和城市发展等急需项目。丝路基金已签约15个项目，承诺投资额累计约60亿美元，项目涵盖基础设施、资源利用、产能合作、金融合作等领域。中国同中东欧"16+1"金融控股公司正式成立。

中国鼓励开发性、政策性金融机构积极参与"一带一路"金融合作，截至2016年底，中国国家开发银行在"一带一路"沿线国家签约项目100余个，发放贷款超过300亿美元；中国进出口银行在"一带一路"沿线国家签约项目1100余个，发放贷款超过800亿美元；中国出口信用保险公司承保对"一带一路"沿线国家出口和投资超过3200亿美元。中国与"一带一路"沿线国家共同完善金融服务网络，共有9家中资商业银行在"一带一路"沿线26个国家设立了62家一级分支机构，54家"一带一路"沿线国家的银行在华设立了6家子行、

20家分行和40家代表处。

扩大双边本币互换和跨境结算，加强金融监管合作。4年多来，中国与22个沿线国家和地区签署了本币互换协议，通过外汇市场开展人民币对21种非美元货币的直接交易。截至2016年底，中国人民银行已与42个境外反洗钱机构签署合作谅解备忘录，中国银监会与29个"一带一路"沿线国家金融监管当局签署了双边监管合作谅解备忘录或合作换文，中国保监会与"一带一路"沿线国家商签监管合作谅解备忘录并成立亚洲保险监督官论坛。

五、民心相通不断促进

"国之交在于民相亲，民相亲在于心相通。"民心相通是"一带一路"建设的社会根基。4年多来，中国与相关国家弘扬丝绸之路精神，开展智力丝绸之路、健康丝绸之路等建设，在科学、教育、文化、卫生、民间交往等各领域广泛开展合作，拉近了心与心的距离，"一带一路"建设的民意基础不断夯实。

教育合作、文化交流不断深入。"一带一路"倡议提出以来，中国每年向沿线国家提供1万个政府奖学金名额，地方政府设立了丝绸之路专项奖学金，鼓励国际文教交流。成立了南南合作与发展学院，帮助发展中国家培养各类人才。截至2016年底，中国在沿线国家设立了30个中国文化中心，新建了一批孔子学院。举办丝绸之路（敦煌）国际文化博览会等交流活动，与哈萨克斯坦、吉尔吉斯斯坦联合申报世界文化遗产"丝绸之路：长安－天山廊道的路网"获得成功，推动海上丝绸之路申报世界文化遗产。

旅游合作不断扩大。中国与"一带一路"沿线国家开展各类旅游推广与交流活动，互办"旅游年"，相互扩大旅游合作规模，举办世界旅游发展大会、丝绸之路旅游部长会议等对话合作，初步形成了覆盖多层次、多区域的"一带一路"旅游合作机制。

科技合作进一步拓展。中国与沿线国家签署了46项政府间科技合作协定，涵盖农业、生命科学、信息技术等领域。建设中国－东盟海水养殖技术联合研究与推广中心、中国 – 南亚和中国 – 阿拉伯国家技术转移中心等一批合作实体，发挥科技对共建"一带一路"的提升和促进作用。实施"杰出青年科学家来华工作计划"，资助"一带一路"相关国家多名科研人员来华开展科研工作。

深化卫生健康合作，携手打造"健康丝绸之路"。中国政府与世界卫生组织签署"一带一路"卫生领域合作备忘录，实施中国 – 东盟公共卫生人才培养百人计划等 41 个项目，设立中捷（克）中医中心等 16 个中医药海外中心，与15 个国家签署中医药合作协议，在新疆设立丝绸之路经济带医疗服务中心。

中国积极参与联合国、世界卫生组织等在叙利亚的人道主义行动，长期派遣援外医疗队赴"一带一路"沿线发展中国家开展医疗救助。积极参与国际防灾减灾，派遣国家救援队及医疗队参与尼泊尔地震救援，向马尔代夫等国提供紧急救灾援助。实施湄公河应急补水，帮助沿河国家应对干旱灾害。向泰国、缅甸等国提供防洪技术援助。开展东亚减贫合作示范等活动，提供减贫脱困、农业、教育、卫生、环保等领域的民生援助。中国社会组织积极参与"一带一路"沿线国家民生改善事业，实施了一系列惠及普通民众的公益项目。

第六章 "一带一路"倡议在全球引起强烈反响

"一带一路"倡议的提出在全球引起了广泛关注和强烈反响。从各国政要、国际组织负责人，到主流智库、知名专家，再到"一带一路"建设的实践者、受益者，国际社会对"一带一路"倡议的认知、认同、参与意愿明显增强。"一带一路"共商共建共享的重要原则、构建人类命运共同体的美好愿景、对促进世界和平发展的重大意义，正在得到世界各国的深刻理解和广泛认同。

一、"一带一路"倡议是全球受益的伟大实践

多国政要认为"一带一路"倡议的提出恰逢其时。正如联合国秘书长古特雷斯所言：在"重振全球化，造福所有人"的重要挑战面前，我们需要新方案，需要领导力，而"一带一路"倡议根植于全球的发展意愿，与联合国2030年可持续发展议程的目标高度吻合，将惠及整个世界。

塞尔维亚共和国前总统尼科利奇说："在我的记忆中，自二战以来没有任何一个国际倡议或活动可以与'一带一路'倡议相比拟。有了这样优秀的中国方案，未来世界人民会更加富裕。"

"一带一路"推进经济全球化 实现合作共赢

新美国战略与国际研究中心专家斯科特·肯尼迪、戴维·帕克均认为，"一带一路"倡议逆势而上维护经济全球化，并通过自我开放和广泛合作的方式推进全球化。

英国48家集团俱乐部主席斯蒂芬·佩里称，中国是全球经济增长的最大贡献者，世界应该更努力了解"一带一路"倡议并与之协调一致，而不是试图反对。

波兰外长格热戈日·谢蒂纳认为，"一带一路"倡议将强化中国与世界、中国与欧洲之间的经贸关系，可成为未来欧亚新型战略关系的重要载体。

缅甸战略与国际问题研究所秘书长吴钦貌林说，"一带一路"倡议最强大的生命力在于许多国家认真参与和充分互信合作，只有合作才会有收益，不参与合作只会有损失。

美国库恩集团主席罗伯特·库恩也表示，"一带一路"倡议受到很多国家欢迎，是因为中国找到了自身发展经验同世界需要的契合点。

白俄罗斯总统卢卡申科、泰国总理巴育、阿富汗总统加尼、巴勒斯坦总理哈姆达拉、埃及总统塞西等国家政要均表示，赞赏中国对"一带一路"框架下的发展合作持完全开放态度，期待能借鉴中国国家治理和发展的经验。

"一带一路"为世界经济创造新的增长点

塞浦路斯执政党民主大会党议员马里奥斯·马夫里代斯均认为，"一带一路"是发展贸易、对接区域间经济发展计划、开展广泛合作的"行动指南"，有助于进一步推动自由贸易和全球化进程，成为世界经济新的增长源。

斯里兰卡国家安全研究所主任阿桑加表示，中国对全球经济增长和稳定的承诺被各国政要和学者公开赞赏。"一带一路"倡议将为世界贡献巨额对外投资，中国通过建设自贸区、工业园等方式协助诸多国家大幅提高经济发展水平。

美国彼得森国际经济研究所专家卡罗琳·弗罗因德认为，鉴于"一带一路"倡议可有效降低运输成本，其重要性堪比任何重大贸易协定。俄罗斯科学院远东研究所副所长奥斯特洛夫斯基也认为，"一带一路"倡议将大幅扩大全球贸易量。

俄罗斯直接投资基金总裁德米特里耶夫说，中国政府向世界展示了一个高效改革的范例，这些改革对推动经济增长非常必要。中国还展示了一个融入世界经济并且积极应对全球性挑战的范例。"一带一路"倡议以及中国在技术领域的活跃和进步都将对世界其他国家产生正面外溢效应。

缅甸国务资政昂山素季说，"一带一路"倡议会为所有相关国家创造更好的经济和社会环境。

土耳其总理耶尔德勒姆认为，"一带一路"倡议是密切商业联系的典范，使亚洲再次成为世界经贸关系中心。

"一带一路"架起东西方之间互联互通的桥梁

捷克总统泽曼发表署名文章表示，"一带一路"倡议不是简单的"道"或"路"，首先要从"互联互通"的角度来认识它。

巴基斯坦前总理谢里夫认为，"一带一路"是个整体性概念，其实质是构建国家和地区间的互联互通。一条公路的建设会带来人员、货物和服务往来，继而深化各国及各国人民间的共同利益和相互依赖。

印度尼西亚总统佐科表示，印尼愿深化同中方"一带一路"框架下合作，探讨有关经济互联互通走廊的建设，特别是工业、农业、电力、港口、旅游等领域重大项目合作。柬埔寨首相洪森希望两国在"一带一路"框架下合作，加强柬埔寨水路、航空等交通领域互联互通建设。

亚非人民团结组织巴勒斯坦代表赛义德·卡迈表示，中国对中东地区的投资和帮助中东国家修建的基础设施，让中东各国搭上了中国经济腾飞的快车。

二、各方对接"一带一路"倡议的意愿强烈

正是看到"一带一路"建设的广阔前景，很多国家和地区做出了积极回应，表达了将自身发展战略与"一带一路"倡议衔接的强烈愿望，提出了在"一带一路"框架下的重点合作领域和预期目标。

东盟

"一带一路"倡议不是中国自己的独唱，而是合唱和交响乐。在东盟地区，多国政要认为，"一带一路"倡议可与《后 2015 年东盟共同体愿景》下的东盟共同体建设相互促进，使双方建立更紧密的经济关系，进而提升本地区人民生活水平。

新加坡总理李显龙说，新加坡愿同中国开展"南向通道"建设，促进地区

互联互通。

菲律宾总统杜特尔特表示，"一带一路"倡议与菲律宾的"2017－2022发展规划"十分契合，在基建方面与菲律宾政府的"打造基础设施建设黄金时代"目标一致。

受中国"互联互通"提议启发，老挝提出将内陆国家的劣势转变为地理位置优势。多名老挝政要均表示，"一带一路"倡议将有助于老挝实现从"陆锁国"到"陆联国"的转变。

泰国总理巴育希望将泰国 4.0 发展战略与"中国制造 2025"深度对接，特别是实现东部经济走廊铁路与中泰铁路合作项目对接，让东部经济走廊成为本地区的物流中心。

越南国家主席陈大光说，越南的"两廊一圈"规划与"一带一路"倡议的有效对接，将有助于扩大两国间以及两国与其他国家之间的贸易与投资。

文莱苏丹哈桑纳尔表示，欢迎中国企业参与文莱"2035 宏愿"发展进程，愿在农业、渔业、能源、基础设施建设、清真食品、数字经济等领域加强务实合作。

南亚、东亚

孟加拉国总统哈米德、尼泊尔总统亚达夫均表示，愿意积极促进南亚区域合作联盟同中国的合作，以促进南亚地区的互联互通和经济发展。

印度总理莫迪、孟加拉国总理哈西娜均表示积极支持孟中印缅经济走廊建设。

尼泊尔总理奥利说，希望通过"一带一路"建设，与全世界进行更加自由和广泛的贸易往来。

阿富汗总统加尼说，阿富汗是"一带一路"和中巴经济走廊重要连接点，愿加强双方在经贸、投资、电力、运输等领域合作。

斯里兰卡总理维克勒马辛哈表示，希望积极参与"一带一路"建设，再次成为海上丝绸之路印度洋海域的核心枢纽，成为整个南亚次大陆的转口港。

蒙古国国务部长恩赫赛汗表示，蒙古国积极响应"一带一路"倡议，结合自身国情提出了"发展之路"倡议，两者紧密相连，对蒙古国发展至关重要。

西亚北非

沙特国王萨勒曼表示，沙特愿通过沙中高级别联合委员会深入推进中沙两国合作，对接沙特"2030愿景"与中国"一带一路"倡议，深化能源、金融等领域合作。

科威特宫廷事务大臣纳赛尔·萨巴赫亲王表示，科威特"丝绸城"等计划与"一带一路"倡议高度契合，希望推动双方战略对接与直接合作。

土耳其总统埃尔多安表示，希望中土双方加快推进东西高铁等重大项目合作，对接"一带一路"和"中间走廊"建设，加强在旅游、文化、教育等领域合作。

伊朗外长扎里夫说，伊朗专门成立了对华"一带一路"合作部际协调机制，希望尽快同中方进行对接。

埃及总统塞西认为，共建"一带一路"为埃及的复兴提供了重要契机，埃及愿将苏伊士运河走廊建设同"一带一路"建设对接，创造条件以吸引中国投资。

欧亚

俄罗斯总统普京表示，要"借中国之风，扬俄罗斯经济之帆"。"一带一路"与欧亚经济联盟对接，有助于加强双方在高科技、交通和基础设施等领域的合作，特别是推动俄罗斯远东地区的发展，这也是在促进欧亚地区一体化方面迈出的关键步伐。

吉尔吉斯斯坦外交部上海合作组织协调官伊琳娜·奥罗巴耶娃说，上合组织所有成员国都处于丝绸之路经济带沿线，因此"一带一路"倡议与欧亚经济联盟战略对接，将使所有成员国从中获得发展机会。

哈萨克斯坦总理马西莫夫说，哈新经济政策与"一带一路"倡议高度契合。阿塞拜疆国家科学院院长阿基夫·阿利扎德说，阿塞拜疆致力于促进本国2020年发展战略与"一带一路"建设的对接。

乌克兰主管对华事务的副总理根纳季·祖布科认为，乌克兰应该成为"一带一路"上的"坚固环节"，与阿塞拜疆、格鲁吉亚及哈萨克斯坦等国共同建设跨里海国际运输通道。

中东欧

波兰总统杜达表示，"一带一路"倡议让他看到了波兰在其中的战略位置，"在落实这一倡议时，我们可以成为形象大使"。

塞尔维亚共和国总统尼科利奇认为，塞尔维亚与欧盟、俄罗斯、土耳其等有广泛的经贸合作基础，可以成为中国进入欧洲市场的桥头堡。

拉脱维亚总理库钦斯基斯说，通过"泛欧交通运输网"和中国的"一带一路"倡议对接，拉脱维亚可以作为"一带一路"上的重要节点，便利中国与斯堪的纳维亚国家间的货物双向流通。

克罗地亚总统基塔罗维奇说，"一带一路"倡议和克罗地亚提出的亚得里亚海－波罗的海－黑海合作倡议高度契合，有助于加强双方的务实合作。

保加利亚副外长格奥尔基耶夫说，把黑海地区的发展与"一带一路"倡议连接在一起，将为建设开放的全球和地区经济做出贡献。

斯洛伐克经济部长日加说，斯洛伐克议会通过了"2017 至 2020 年斯洛伐克与中国经济关系发展纲要"，在"一带一路"框架下，斯中两国未来合作将集中在投资、贸易、旅游和科研创新等领域。

欧洲

欧盟委员会副主席卡泰宁表示，"一带一路"倡议连接中国和欧洲，将使沿线国家和合作伙伴受益。欧盟愿意进一步深化与中国的经贸关系，在"欧洲投资计划"和中国"一带一路"倡议下不断加强互联互通。

德国总理默克尔说，"一带一路"倡议能真正把沿线国家发展联系起来，促进国际贸易等各领域合作，德国非常希望参与相关建设。

法国总统马克龙表示，法国愿与中国在共同遵守相关规则和标准的基础上，积极参与"一带一路"建设，促进亚欧大陆和非洲的繁荣稳定发展。

意大利总理真蒂洛尼表示，"一带一路"倡议给意大利经济发展带来很大机遇，也给双方提供了进行更大范围合作的重要机会。

英国财政大臣菲利普·哈蒙德称，英国是"一带一路"倡议的天然伙伴，可以为"一带一路"沿线国家基础设施建设提供融资支持。

西班牙首相拉霍伊表示，西班牙正在从经济危机中走出。西班牙能源、电信和基础设施建设等领域企业拥有较高的国际知名度，希望积极参与到"一带一路"建设中来。

希腊总理亚历克西斯·齐普拉斯认为，希腊政府把希腊打造成中转枢纽的目标和中国的"一带一路"倡议有不少交集，这使双方在海运、航空、物流等方面可以进行互利合作。

三、"一带一路"建设成果正在惠及各国人民

贸易投资推动合作更加深入

德国杜伊斯堡市长泽伦·林克表示，2016 年通过中欧班列运输的集装箱数量约 5 万。截至目前，已有超过 100 家中国企业落户杜伊斯堡。这些数据足以说明，"一带一路"倡议在过去几年给杜伊斯堡带来了巨大发展和机遇。

据格鲁吉亚经济界人士测算，中格自贸协定签订后的 10－15 年内，中格双边贸易额有望翻番，格鲁吉亚每年经济增速将因此提升约 1.5 个百分点。格鲁吉亚哈列巴酒庄出口部总经理弗拉说，格鲁吉亚的葡萄酒将以零关税进入中国市场，格鲁吉亚整个葡萄酒行业对扩大对华出口、深化合作充满信心。

马来西亚总理纳吉布说，中国－东盟自贸区升级之后，双边贸易额将有望在 2020 年前达到 1 万亿美元。

塞尔维亚总统武契奇表示，河钢收购斯梅代雷沃钢厂是中塞经济合作的成功典范，不但解决了超过 5000 多工人的就业问题，更重要的是让塞尔维亚的钢

铁产业得以继续发展。

土耳其萨班哲大学亚洲问题专家阿特勒认为,中国对昆波特码头项目的投资是"一带一路"框架下中土合作的具体举措,让土耳其成为21世纪海上丝绸之路的组成部分。

互联互通夯实持续发展基础

巴基斯坦前总理谢里夫表示,"一带一路"倡议为巴中经贸关系注入了活力,中巴经济走廊就是这一倡议的真实写照。在此框架下,本地区各国通过陆路、铁路和水路彼此连接在一起。

吉尔吉斯斯坦经济学家朱玛卡都洛夫·阿科涅夫认为,"一带一路"倡议已经取得阶段性成果。中国企业在吉尔吉斯斯坦承建的互联互通项目,为当地的经济社会发展带来了立竿见影的效果。

波黑部长会议副主席兼外经贸部长沙罗维奇说,"一带一路"建设在波黑已结出经济硕果,中方参与的波黑斯坦纳里火电站项目去年竣工,成为"一带一路"倡议的早期收获之一。

斯里兰卡总理马辛哈表示,汉班托塔港的发展建设是斯中在"一带一路"框架下合作的重点项目,相信未来将焕发新的活力。

柬埔寨首相洪森表示,"一带一路"倡议提出以来,金边至西哈努克港高速公路、暹粒吴哥国际机场等项目顺利推进,柬中两国的合作潜力巨大。

人文交流增进了相互理解和友谊

黎巴嫩卡拉卡拉舞剧院院长伊万说:"历史上的丝绸之路把不同的人、不同的思想融合在一起。我们今天要做的,就是要让更多不同国家、不同思想的人们实现心灵上的交流与沟通。"

波兰库亚瓦－波莫瑞省副省长兹比格涅夫·奥斯特洛夫斯基说,4年前,波兰人对"一带一路"还不甚了解。现在,"一带一路"倡议在波兰可以说是家喻户晓,越来越多的波兰企业在和中国打交道。

哈萨克斯坦文化体育部副部长扩扎哈帕诺夫表示，哈萨克斯坦"中国旅游年"的成功举办增进了双方民众彼此间的了解，成为两国旅游交流发展的新起点。

缅甸光明基金会主席奈林说，缅甸的民间组织与中国开展了密切合作，包括为缅甸白内障患者提供免费手术、开展医护人员交流、修建学校等，为当地老百姓带来实实在在的利益。

白俄罗斯总统卢卡申科说，白俄罗斯青年学习汉语的热情高涨。同时，白中两国的科技领域合作不断深化，合作项目已增至 28 个。

南南学院第一期毕业生、津巴布韦总统内阁办公厅副主任吉福特·穆蓬贾感叹说："来中国学习治国理政的先进经验，我的眼界更开阔了，思考问题的角度也更加全面、客观和深刻了。我要把中国的经验和智慧带回我的祖国，为家乡建设贡献一份力量。"

孟加拉国国民议会议长希琳·乔杜里表示，期盼更多的孟加拉国学生到中国学习、交流。

捷克总统泽曼说，中捷间的文化交流合作项目越多越好，希望在深化经济合作的同时，文化合作也能日渐繁荣。

第七章 推动"一带一路"建设行稳致远

"一带一路"建设已经迈出坚实步伐，古老的丝绸之路正在重新焕发勃勃生机。习近平主席在"一带一路"国际合作高峰论坛开幕式上强调，要将"一带一路"建成和平之路、繁荣之路、开放之路、创新之路、文明之路。和平是前提，繁荣是目标，开放是导向，创新是力量，文明是基因，这是中国对"世界怎么了、我们怎么办"的回答，为推进"一带一路"建设指明了前进方向，描绘了更加美好的未来。

一、和平之路：致力合作共赢，构建新型国际关系

和平是"一带一路"的基调和底色。古丝绸之路的繁盛，得益于和平的滋养，也促进了沿线地区的和平。如今，"一带一路"建设离不开和平安宁的环境，也承载着人类对和平安宁的期盼。把"一带一路"建成和平之路，让各国共享和平发展，这是中国和平发展理念和新安全观的生动诠释。

建设和平之路，要推动建设相互尊重、公平正义、合作共赢的新型国际关系，打造对话不对抗、结伴不结盟的伙伴关系。各国都应走和平发展道路，共同摒弃以强凌弱的丛林法则，尊重彼此主权、尊严、领土完整，尊重彼此核心利益和重大关切，努力实现和平相处，共同发展。作为决定战争与和平的关键因素，大国要主动承担责任，尊重彼此核心利益和重大关切，管控矛盾分歧，努力构建不冲突不对抗、相互尊重、合作共赢的新型关系。大国对小国要平等相待，不搞唯我独尊、恃强凌弱的霸道。国家间出现矛盾和分歧，要通过平等协商处理，以最大诚意和耐心，坚持对话解决分歧。

建设和平之路，要树立共同、综合、合作、可持续的新安全观。各国都有平等参与地区安全事务的权利，也都有维护地区安全的责任，要以对话协商、互利合作的方式解决安全难题，营造共建共享的安全格局，让各国人民守望相助，共同维护世界和平。要摒弃冷战思维和建立军事同盟、追求自身绝对安全的做法，

国家不论大小、强弱、贫富以及历史文化传统、社会制度存在多大差异，都要尊重和照顾彼此合理安全关切，共同应对各种传统和非传统安全威胁。要着力化解热点，坚持政治解决；要着力斡旋调解，坚持公道正义；要着力推进反恐，标本兼治，消除贫困落后和社会不公。

中国愿在和平共处五项原则基础上，发展同所有"一带一路"建设参与国的友好合作。中国愿同世界各国分享发展经验，但不会干涉他国内政，不会输出社会制度和发展模式，更不会强加于人。推进"一带一路"建设不会重复地缘博弈的老套路，而将开创合作共赢的新模式；不会形成破坏稳定的小集团，而将建设和谐共存的大家庭。

二、繁荣之路：聚焦发展联动，实现成果共享

发展是解决一切问题的总钥匙。面对当前世界的发展难题，各国都希望打破发展瓶颈、缩小发展差距、实现更大发展和繁荣。"一带一路"承载着人类对共同发展的追求，推进"一带一路"建设，必须聚焦发展这个根本性问题，释放各国发展潜力，实现经济大融合、发展大联动、成果大共享。

建设繁荣之路，要抓住产业这一经济之本，深入开展产业合作，推动各国产业发展规划相互兼容、相互促进，共同谋划不同产业在各国的合理布局，形成优势互补、错位发展的产业链、供应链和价值链；要抓好大项目建设，加强国际产能和装备制造合作，实施一批有影响力的产业合作项目，促进产业集聚；抓住新工业革命的发展新机遇，深化新一代信息技术、生物、新能源、新材料等新兴产业领域的合作，培育新业态，保持经济增长活力。

建设繁荣之路，要打通金融这一现代经济的血脉，为增长提供有力支撑。建立稳定、可持续、风险可控的金融保障体系，推进货币稳定体系、投融资体系和信用体系建设，扩大双边本币互换、结算的范围和规模，逐步建立金融监管协调机制和区域性金融风险预警系统，形成应对跨境风险和危机处置的合作机制，加强征信管理部门、征信机构和评级机构之间的跨境交流与合作；创新

投资和融资模式，推广政府和社会资本合作，建设多元化融资体系和多层次资本市场，深化中国与东盟、中国与中东欧、上合组织等银行联合体务实合作；发展普惠金融，完善金融服务网络。

建设繁荣之路，要进一步加强基础设施互联互通，着力推动陆上、海上、天上、网上四位一体的联通，聚焦关键通道、关键城市、关键项目，联结陆上公路、铁路道路网络和海上港口网络。拓展建立民航全面合作的平台和机制，完善航空基础设施。建设跨境油气管道，推进跨境电力与输电通道建设，开展区域电网升级改造合作，建设全球能源互联网。推进跨境光缆等通信干线网络建设，提高国际通信互联互通水平。推动口岸基础设施建设，完善跨区域物流网。加强基础设施建设规划、技术标准体系的对接，促进政策、规则、标准三位一体的"软联通"，为互联互通提供机制保障。

三、开放之路：坚持开放导向，促进增长和平衡

开放带来进步，封闭导致落后。世界发展规律和中国发展经验都表明，对一个国家而言，开放如同破茧成蝶，虽会经历一时阵痛，但将换来新生。"一带一路"建设要以开放为导向，解决经济增长和平衡问题。

建设开放之路，要打造开放型合作平台，维护和发展开放型世界经济，共同创造有利于开放发展的环境，推动构建公正、合理、透明的国际贸易投资规则体系，促进生产要素有序流动、资源高效配置、市场深度融合。帮助发展中国家和中小企业深入参与全球价值链，推动全球经济进一步开放、交流、融合。各国都应结合自身国情，积极发展开放型经济，参与全球治理和公共产品供给，携手构建广泛的利益共同体。中国将办好中国国际进口博览会，打造开放型国际合作平台，办成国际一流博览会。

建设开放之路，要维护多边贸易体制，推动自由贸易区建设，促进贸易和投资自由化便利化，发挥好贸易对经济增长的引擎作用。加强信息互换、监管互认、执法互助的海关合作，以及检验检疫、认证认可、标准计量、统计信息

等方面的双多边合作，推动实施世界贸易组织《贸易便利化协定》。降低关税和非关税壁垒，提高技术性贸易措施透明度。加强双边投资保护协定、避免双重征税协定磋商，保护投资者的合法权益。反对各种形式的保护主义，坚决避免以邻为壑。

建设开放之路，要着力解决发展失衡、治理困境、数字鸿沟、分配差距等问题，建设开放、包容、普惠、平衡、共赢的经济全球化。积极扩大贸易往来，大力发展跨国投资，共同做大世界经济的"蛋糕"。深化网络设施建设、信息技术开发、网络经济发展等方面的合作，形成网络空间更加紧密的伙伴关系，缩小数字鸿沟，共同推进全球数字化进程。推动完善全球治理，促进包容性发展和可持续发展，落实2030年可持续发展议程，让"一带一路"建设成果更多更广泛地惠及各国人民。

四、创新之路：坚持创新驱动，践行绿色发展

创新始终是一个国家、一个民族发展的重要力量，也始终是推动人类社会进步的重要力量。一个国家和民族的创新能力，从根本上影响甚至决定国家和民族前途命运。"一带一路"建设本身就是一个创举，在"一带一路"建设过程中，也要向创新要动力，加强创新能力开放合作。

建设创新之路，要坚持创新驱动发展，加强在数字经济、人工智能、纳米技术、量子计算机等前沿领域合作，推动大数据、云计算、智慧城市建设，连接成21世纪的数字丝绸之路。要促进科技同产业、科技同金融深度融合，优化创新环境，集聚创新资源。要加强科技合作，共建联合实验室、国际技术转移中心、海上合作中心，促进科技人员交流，合作开展重大科技攻关，共同提升科技创新能力。

建设创新之路，要践行绿色发展的新理念，倡导绿色、低碳、循环、可持续的生产生活方式，加强生态环保合作，建设生态文明。强化基础设施绿色低碳化建设和运营管理，抓住新一轮能源结构调整和能源技术变革趋势，建设绿

色低碳的全球能源互联网。在投资贸易中突出生态文明理念，加强生态环境、生物多样性和应对气候变化合作，共建绿色丝绸之路。

建设创新之路，要优化创新环境，集聚创新资源，激发各国人民的创新活力。要为互联网时代的各国青年打造创业空间、创业工场，成就未来一代的青春梦想。建立创业投资合作机制，鼓励开展天使投资、风险投资、股权投资等方面的合作，为创新创业提供金融支撑。鼓励大专院校和科研机构深度交流，加强科技研发合作，共同破解创新发展科技难题，共同培养创新创业人才。

五、文明之路：加强文明互鉴，增进互尊互信

文明因交流而多彩，文明因互鉴而丰富。文明交流互鉴，是推动人类文明进步和世界和平发展的重要动力。要建立多层次人文合作机制，搭建更多合作平台，开辟更多合作渠道，以文明交流超越文明隔阂、文明互鉴超越文明冲突、文明共存超越文明优越，推动各国相互理解、相互尊重、相互信任，将"一带一路"建成文明之路。

建设文明之路，要深化教育、文化、体育、卫生等领域合作。扩大互派留学生规模，提升合作办学水平，广泛开展学术往来和人才交流合作。互办文化年、艺术节、电影节、电视周和图书展等活动，合作开展广播影视剧精品创作及翻译，开展多层次文明对话。积极开展体育交流活动，支持相关国家申办重大国际体育赛事。强化传染病疫情信息沟通、防治技术交流、专业人才培养等方面的合作，提高合作处理突发公共卫生事件的能力。

建设文明之路，要加强旅游合作，扩大旅游规模，互办旅游推广周、宣传月等活动，联合打造具有丝绸之路特色的国际精品旅游线路和旅游产品。用好历史文化遗产，联合打造具有丝绸之路特色的旅游产品和遗产保护。

建设文明之路，要加强各国议会、政党、民间组织往来，密切妇女、青年、残疾人等群体交流，组织开展志愿者服务。发挥智库作用，建设好智库联盟和合作网络，鼓励相关国家智库之间开展联合研究、合作举办论坛等，在思想碰

撞和智慧交融中形成更多有价值的成果，为"一带一路"建设提供智力支持。加强文化传媒的国际交流合作，积极利用网络平台，运用新媒体工具，营造良好的舆论环境。开展城市交流合作，互结友好城市。加强国际反腐合作，让"一带一路"成为廉洁之路。

"一带一路"建设是希望之路、阳光之路、圆梦之路，是伟大的事业，需要伟大的实践。只要我们秉持丝路精神，坚持共商共建共享，相向而行、携手奋进，这条造福世界、造福人民的道路必将越走越宽广，不断朝着人类命运共同体方向迈进。

早期成果案例
选 编

1 中白工业园：打造面向未来的 国际化产业新城

中国－白俄罗斯工业园（简称中白工业园）是中国和白俄罗斯两国元首倡导、两国政府大力支持推动、由中国企业主导开发运营的工业园区，也是目前中国在海外开发面积最大、合作层次最高的经贸合作区之一。

2010 年 3 月，时任中国国家副主席习近平访问白俄罗斯期间，白俄罗斯总统卢卡申科表达了在白俄罗斯境内合作建立中白工业园的愿望。同年 10 月，卢卡申科总统访华期间，白俄罗斯经济部与中工国际工程股份有限公司签署了《关于在白俄罗斯共和国境内建立中国－白俄罗斯工业园区的合作协议》，中白工业园应运而生。

图为中白工业园入口处"巨石"标志

项目概况

中白工业园位于白俄罗斯明斯克州斯莫列维奇区，距离首都明斯克市25公里，位于明斯克机场附近，是白俄罗斯招商引资的最大项目，也是中白两国间最大的经济技术合作项目。2016年，完成了一期起步区内的基础设施建设工作，达到了"七通一平"的使用条件，开发土地面积354公顷，形成工业用地275公顷，商业用地28公顷，市政配套用地51公顷。

2017年5月，白俄罗斯总统卢卡申科签署关于中白工业园发展的第三版总统令，将入园投资门槛由500万美元降低到50万美元；给予入园企业自盈利之日起10年内免税、之后到2062年前税收减半的税收政策；规定对入园企业免收不动产税和土地使用税，并允许其在园区内买卖土地。

为了吸引更多企业入驻，白俄罗斯扩大了工业园招商引资的范围，除了机械制造、电子信息、精细化工、生物医药、新材料、仓储物流等，还新增了通信、电子商务、大数据处理和社会文化活动等领域。

管委会不仅为入园企业提供"一站式"服务，极大地方便了企业入园投资，还为企业的人员往来提供各类便利措施，包括给予投资者180天免签入境的政策等。

截至2017年12月，已有来自中国、白俄罗斯、俄罗斯、美国、奥地利和立陶宛的23家企业入驻该园区。中白工业园已经在一期3.5平方公里的起步区内建成了包括双向六车道公路、水电气和通讯等管网。招商局集团投资兴建的由仓储中心、保税堆场、展示交易中心和商务中心等组成的中白商贸物流园，以及工业园开发公司投资兴建的综合办公楼已建成，园区基础设施的建设使工业园具备了全面招商引资的条件。

2015 年 5 月，中国国家主席习近平在卢卡申科总统陪同下考察中白工业园时表示，要把中白工业园建设作为合作重点，发挥政府间协调机制作用，谋划好园区未来发展，将园区项目打造成丝绸之路经济带上的明珠和双方互利合作的典范。

作为丝绸之路经济带的明珠项目，中方鼓励大型企业参与工业园的开发，并在金融信贷等方面提供支持。2017 年，中国 16 家大型央企到白俄罗斯考察期间成立了园区发展基金，所有入园企业只要符合产业政策和发展规划都可以使用该基金。截至 2017 年 8 月，中白工业园建设的项目包括：一期起步区基础设施建设、办公楼和标准厂房项目、招商局中白商贸物流园项目、成都新奥威超级电容器研发项目、110 千伏变电站项目等。

白俄罗斯地处欧亚大陆腹地东欧平原，地理位置得天独厚，东部、北部与俄罗斯为邻，南部与乌克兰接壤，西部与波兰、立陶宛和拉脱维亚毗邻。白俄罗斯为欧亚经济联盟成员国，入园企业的产品不仅可以免关税销往俄罗斯、哈萨克斯坦、亚美尼亚和吉尔吉斯斯坦市场，还可以广泛进入欧盟市场及其共同

项目意义

1. 推进白俄罗斯高科技产业发展。白俄罗斯具有一定工业基础，但产能急需升级换代。中白工业园定位高科技园区，将重点发展电子信息、精细化工、机械制造、生物医药、新材料和仓储物流及通信、电子商务和大数据存储等高科技行业。

2. 为中国工业企业、产品和技术进入欧美市场开辟道路。目前具有一定附加值的"白俄罗斯制造"产品可以较为顺畅地进入欧盟市场，并且相比其他国家的产品具有较大的竞争优势。中国企业在中白工业园进行研发生产，能够进入欧亚经济联盟市场，将来也有望进入欧美市场。

体成员国市场，拥有独一无二的市场规模和发展潜力。

中白工业园毗邻明斯克国际机场，M1 洲际公路从园区穿过，向东直达莫斯科，向西直通柏林，M2 高速公路从明斯克机场直达明斯克市区，机场东侧建有铁路运输专线，规划中的城市轻轨穿过园区直达机场。目前工业园开发公司正与德国杜伊斯堡港密切接触，将在工业园建设铁路专用线，使工业园与中欧班列联通，解决货物及产品运输问题。

中白工业园为以园区为载体的"一带一路"产业合作项目积累了经验：

一是重视科学规划。中白工业园以先进的规划理念为指导，将中国成功的园区开发建设经验与白俄罗斯稳定的投资环境相结合，注重资源的可循环利用与环境保护，按照"布局集中、用地集约、产业集聚、特色突出、协调发展"的原则，对园区进行科学规划。

未来，中白工业园将吸引超过 100 家高新技术企业入驻，就业人口超过 10 万，最终形成结构布局合理、产业协调发展、科技水平含量高、效益明显的综合性开发区，以及集生态、宜居、兴业、活力、创新五位一体的国际化生态新城。

二是充分挖掘利用区位和市场优势。中白工业园位于欧盟和欧亚经济联盟两大市场交界处，将极大降低入园企业的高科技产品研发生产成本和运输成本。入园企业能得到"白俄罗斯制造"的生产认证，更加顺畅地进入欧盟市场。

三是培育本土高端人才。白俄罗斯经济发展，急需对工业体系和技术进行升级换代，紧缺本土高端人才。中白工业园为吸引世界各国的先进技术和管理经验提供了良好的平台，将带动白俄罗斯各行业发展，增强白俄罗斯的经济实力和竞争力。

目前园区项目已招聘员工数千人，在为当地居民创造出很多有价值的就业机会的同时，也为当地培养了大量工程建设、经营管理等方面的高水平人才。

在园区工作的白俄罗斯籍员工维克托利亚介绍说："4 年前，我不顾父母反对来到中白工业园法律部工作。随着项目的推进，人们有更多机会了解园区，态度也更加积极肯定。这里的待遇不错，工资也不错，父母也不反对了，周围的人也都更加理解。"

中白工业园像是丝绸之路上的一座驿站，将为中白经贸合作提供平台，充分体现"一带一路"合作共赢的理念。它顺应全球经济发展的潮流，生产"明天和后天"都有市场需求的产品，正在成为"一带一路"产能合作的成功典范。

▎图为中白工业园内的招商局展示交易中心

▎图为中白工业园一角

项目点评

中国国家主席习近平称这一规模巨大的项目为丝绸之路经济带上的明珠并非偶然。我们与中国在中白工业园共同建设巨大的工业场地，包括中国企业在内的全球高新技术企业都将来这里。我们在评估工业园的成果时就希望白俄罗斯能够从工业园产出产品的出口中获得 500 亿美元的外汇收入。

—— 白俄罗斯总统 卢卡申科

中白工业园的发展首先意味着为白俄罗斯的高科技人才创造新的工作岗位，将来有望被打造成为白俄罗斯经济的新面孔，成为白俄罗斯新的经济增长点。白俄罗斯希望通过工业园吸引更多外国高新技术，带动本国相关行业发展，提高出口创汇能力，进而促进经济发展。希望与中国一道将工业园打造成丝绸之路经济带上的一颗明珠，两国互利经贸合作的示范项目。

—— 中白工业园管委会主任 亚罗申科

园区投入运营之后可能为白俄罗斯每年贡献 2% 以上的国内生产总值，正在布局的新型产业也将替代目前白俄罗斯的一些传统产业。一批中白合资企业的成立与运营为白俄罗斯带来了资金、技术、产品和市场，推动了当地企业的转型升级。在发展经济的同时，园区也非常重视生态环境保护。它对于当地居民来说是宜居的，也有利于企业运营。

—— 中白工业园白方副总经理 谢尔盖·弗拉基米罗维奇

2 罗勇工业园：
从"泰囧"到"泰给力"

2017 年 10 月 20 日傍晚 6 点，在泰国罗勇府博拉当区 331 号高速公路旁送走考察团后，罗勇工业园总裁徐根罗仍然顾不上吃饭，因为还有一家国内企业的老总正在急切地等着他回电话。

作为中国政府认定的首批境外经贸合作区，也是东南亚发展最好的园区之一，罗勇工业园这个月已经迎来了 5 个来自中国的考察团。想起十几年前刚到这里的光景，徐根罗感慨万千，他用"酸"入骨髓、"辣"不堪言来形容刚到泰国投资建厂的那段"泰囧"日子。

2000 年，在曼谷远郊 1000 多平方米的破旧厂房内，不到 200 个员工在车间忙着转动元件组装，这就是中国第一家走出去的电表厂——华立电气有限公司。中泰两国不同的思维习惯、工作节奏，给时任华立集团派驻泰国总经理徐根罗来了个"下马威"。与中国人工作节奏快不同，泰国人的口头禅是"斋嬷嬷"（意即：慢慢来），员工上班时嬉笑打闹，做工迟缓磨蹭是常态。

如何在泰国法律许可下建立激励机制调动工人积极性，提高生产效率成为摆在徐根罗面前的头号难题。在多次被泰国政府劳动部门"约谈"后，徐根罗决心好好研究泰国劳动法、投资经营法等本地法规。他发现，工人上班记工可以是小时制、日工制、月薪制、包干制，唯独没有计件制。而自己一向照搬国内的计件制是不符合泰国法律的，如强行执行将被投诉。他灵机一动，计件制可以用包干制来变通一下，制定了流水线上每天装配 600 个工件就可以下班，完成装配 900 个工件即可得到 1.5 倍日薪的考核措施。工人们一下子就勤快起来，而且每天越装越多，挣得多了的工人乐滋滋的。

　　一位积极、热情的泰国籍小伙子当上了班组负责人，从人员调配到操作培训，从生产指标安排到生产纪律执行等无所不管，且井井有条。"只有泰国人知道如何有效管理泰国人。"自此，企业决定最大限度地实现本地化管理，从普通工人到一线管理人员，技术员、工厂经理乃至公司高管，几乎都依托本地人运营管理。

　　建立沟通机制。定期开员工大会，让全体员工选举工人代表，将诉求、建议传达给管理层，中泰员工建立起信任，泰国员工的能动性也被大大调动。顺畅的沟通渠道，把误解和矛盾消除在"萌芽"或"形成"阶段，自然就避免了"泰囧"的尴尬和困难。

　　工厂建好了再投园区。2005 年，时值中泰建交 30 周年，加上中国政府鼓励企业走出去，华立集团与泰国最大的工业地产开发商安美德集团于北京签署合作备忘录，开始合作开发罗勇工业园。

　　经过十余年发展，罗勇工业园已成为中国传统产业在泰国乃至东盟的最大产业集群中心和制造出口基地。有近 90 家中资企业入驻，协议投资金额 25 亿美元，累计实现工业总产值 90 亿美元，向当地政府上缴税费 1.2 亿美元，解决当地 2 万余人的就业问题。罗勇工业园成为中泰"一带一路"合作共赢的标志性项目，被当地人称为泰国的"工业唐人街"。

特别值得一提的是，2013 年"一带一路"倡议提出之后，中国企业到泰国投资的热情明显提升，越来越多的企业找上门来想要入驻园区，越来越多的国内企业来考察取经。数据显示，"一带一路"倡议提出后的三年里，罗勇工业园的入园企业多达 35 家，带动投资约 8 亿美元，占到开园以来总投资额的近一半；实现工业总产值 55 亿美元，占到开园以来累计工业总产值的近 70%。

商业包容性强、优惠政策多、落地门槛低……这些优势让泰国成为中国企业走出去的理想目的地之一。随着在泰国投资的中国企业越来越多，不少中国企业发现泰国市场就是一块大蛋糕，同时还能便捷地将产品卖到东南亚甚至欧美市场。

富通集团投资泰国的初衷是希望通过泰国"销地产"和"产地销"，快速适应市场。没想到的是，在泰国建立工厂后，富通的产品不仅在泰国本地市场占有率稳居第一，而且利用泰国东盟中心的区位优势辐射东南亚市场，业务量出现爆发式增长。

泰国政府出台了包括制造业无外资比例限制、外资购地享有所有权、企业所得税减免等一系列措施鼓励投资。同时，泰国对生物技术、纳米技术、高级材料技术和数字技术等领域的投资者给予免除一定年限企业所得税的优惠政策，也以类似税务激励措施鼓励国内外企业参与基础设施建设。安美达集团首席投资官黄春顺说，如果中国企业把在基础设施建设、创新科技、新兴服务业的项目、产业带到泰国，不仅可以打开广阔市场，也将带动整个东盟的区域发展。罗勇工业园优先引进的，也正是那些符合泰国政策支持、在泰国属于前沿技术、要运用泰国本地资源的产业和企业。

准确判断泰国产业发展方向，用好中泰间产能合作的广阔空间，用足泰国的各类政策，是罗勇工业园快速发展的秘诀之一。

国内光伏电力电缆、超导技术应用等领域处于领先水平的浙江富通、江苏中利入驻园区后，有效填补了泰国光缆技术的空白，带动形成了产业链式发展，实现了中泰双方的互利共赢，成为国际产能合作的典型范例。

项目意义

1. 罗勇工业园是中国企业"抱团出海"的典型项目。许多中国民营企业缺乏海外投资运营经验，单独到海外投资势单力薄，往往只能嵌入国外产业链的某个环节。"抱团出海"可以形成合力，使投资规模化，降低成本。罗勇工业园打通上下游，形成园区生态，以龙头企业为主，带动上下游产业链发展。目前园区有五分之一的企业都是产业链上的相关企业。

2. 对中国与"一带一路"相关国家深度、长期合作有积极意义。中国从最初往外输出劳动力，到输出产品，再到现在输出资本、技术、经营管理，与投资国的发展息息相连，深度融合。罗勇工业园在为中资企业提供良好的海外投资环境的同时，也为泰国的经济发展、产业提升、就业机会等发挥了积极的作用，产生了深刻的影响。

3. 对走出去中国企业探索本地化管理模式具有示范作用。罗勇工业园在本地化上下足功夫，人员配置上大量起用当地员工，企业文化建设因地制宜，目前园区内泰国员工超过九成，工人平均月工资达 3000 元人民币，在自身取得新发展的同时，也使泰国在居民就业、人才培养、技术转移等方面受益颇多，成为民心相通的最好诠释。

打通上下游，形成园区生态，是罗勇工业园快速发展的另一个秘诀。中集集团、杭州中策橡胶、力帆摩托等50余家入园中国企业在这里"抱团取暖"，以市场为主导，协作分工、优势互补、互相依存。第一批入驻罗勇工业园的中策橡胶总经理陈华总结说，中国企业要想顺利出海，就要企业强强联合。中策橡胶就先后介绍了钢丝、轮毂、氧化锌模具工厂等十多家供应商企业来到罗勇工业园，相互支持、一起成长。

此外，为了让更多的中企落户于此，罗勇工业园为企业提供法律政策咨询、员工培训等一整套本地化服务，让企业入驻后迅速融入当地；为了让初来的企业少走弯路，工业园不仅出谋划策，而且提供必要的客户资源。受益于此的企业表示，罗勇工业园为企业提供了安全的工作环境，有效、规范的管理，让企业不再因人生地不熟带来的与当地政府、居民交涉的问题而苦恼。

对中国企业在泰国投资建设工厂和工业园区，许多泰国人都觉得是一件好事，带动了当地经济发展，填补了产业技术空白，还创造了不少就业岗位。正

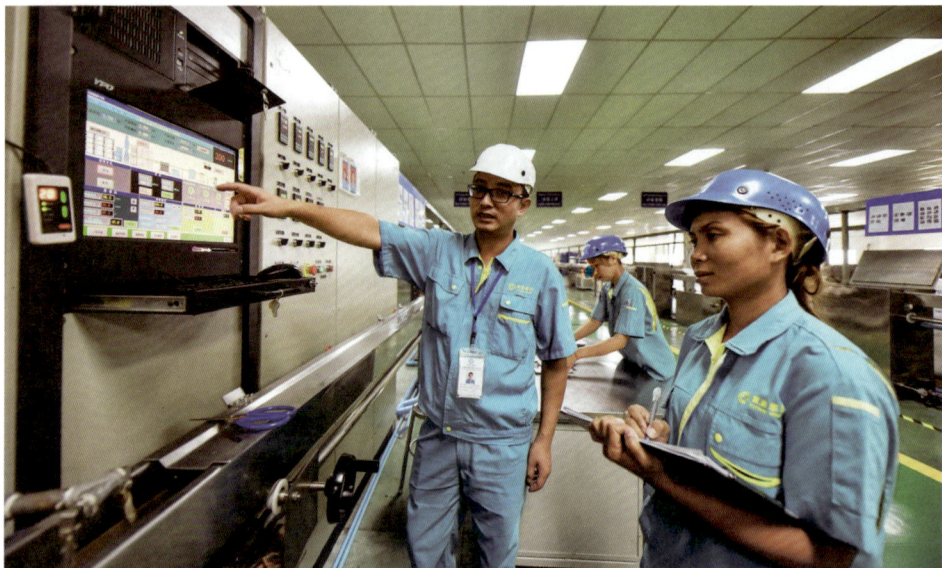

图为技术负责人对一名泰国籍工人进行技术指导

如泰国主流经济报刊《泰国商报》写的："罗勇工业园是拉动泰国经济增长的新希望。"

经历了从"泰囧"到"泰给力"之后的罗勇工业园正在进行三期开发。预计三期开发完成后将为泰国当地创造 10 万个就业岗位。而这 10 万个就业岗位就像一条"粗壮"的纽带，让中国企业、中国制造与泰国经济、泰国民众在"一带一路"上紧密相连。

项目点评

泰中合作是互利互惠之举。"一带一路"对泰国的发展战略是很大的支持。罗勇工业园在促进泰中两国经贸合作和友谊方面起到了关键作用，对泰国经济发展做出了巨大贡献。

—— 泰国副总理 威萨努

泰中罗勇工业园区中，企业的成功率达到 90%。他们有条件利用在泰国的成功作为跳板，放眼东盟，开拓六亿人的市场。安美达希望配合"一带一路"倡议，将工业园打造成东盟的标杆。

—— 泰国安美达集团总裁 邱威功

罗勇工业园不仅带来更多就业岗位，还使员工收入大大增加，其待遇、工作氛围都令人愉快。大家对于目前的工作状况非常满意。

—— 园区中的多位泰国员工

③ 中国－阿曼（杜库姆）产业园："一带一路"花开海湾国家

　　2017 年 4 月的阿曼，烈日当空、遍地荒漠，附近的杜库姆机场还在建设当中，杜库姆经济特区主干道的铺设也刚刚完成，一座现代化产业园将拔地而起，成为中阿两国企业互利共赢、共同发展的新平台，它就是中国－阿曼（杜库姆）产业园。

┃ 图为产业园奠基典礼

　　这个产业园是中国在阿拉伯国家投资建设的最大产业园区之一，也是目前单一国家入驻阿曼杜库姆经济特区的最大项目。根据规划，产业园总投资额将达 100 多亿美元。其中，重工业园区占地面积 8.09 平方公里，以石油化工、天然气化工、原油冶炼、建筑材料生产等行业为主；轻工业园区占地 3.53 平方公里，主要包括太阳能光伏项目、物流、电商、汽车组装等。

　　目前，已落户的 10 家企业签约金额达 280 多亿元人民币，具体包括火力发电项目、海洋取排水及海水淡化提溴联产项目、180 万吨天然气－甲醇－烯烃项目、高机动越野车项目、五星级酒店项目、年产 1GWp 光伏组件项目、石油及天然气管材、建材市场项目、钢丝网骨架增强复合管项目、柔性高压复合输送管项目等。园区建成后，预计将有 35 个中资项目在产业园落户投产，涵盖石油化工、天然气化工、建筑材料、电子商务、现代农业、生活性服务业以及海洋产业、清真产业等。

　　国际评级机构惠誉旗下 BMI 发表的分析报告认为，中国－阿曼（杜库姆）产业园项目将对阿曼经济发展起到推动作用，尤其是对建筑业有强劲刺激作用，将助推阿曼建筑行业的增长。

　　中国－阿曼（杜库姆）产业园从启动到建设均进展顺利，这得益于以下几个方面：

　　一是及时把握住了当地政策优惠和区位优势，抢占先机。杜库姆经济特区位于东西方国际海运航线的交汇点，连接亚洲、非洲、欧洲生产市场和主要消费市场，具有成为全球转运枢纽，供应中东、非洲市场商品集散中心的潜力。作为自由贸易区，允许外国投资者建立 100% 的独资公司；进口到特区的商品将享受免税待遇；投资者进行注册、取得营业许可和环境许可等证件均可享受方便、快捷的"一站式"服务。除此之外，特区内有关公司注册、员工聘用、贸易便利、土地租赁和税费优惠等各项鼓励政策和措施也已陆续公布实施。中国自阿方提出特区建设之时起，就抓住机遇推动合作，积极投入抢占先机。

二是基于双方天然联系和共同需求,由宁夏主导承建这个项目。宁夏作为古丝绸之路上的商埠重地,也是全国最大的回族人口聚居区,与阿拉伯国家人文相通、相知相交,在中阿合作共建"一带一路"项目上有着不可替代的独特

项目意义

1. 对在"一带一路"框架下推进中国与海湾地区国家合作具有示范作用。阿曼扼守世界上最重要的石油输出通道 —— 波斯湾和阿曼湾之间的霍尔木兹海峡,地理位置优越。海湾国家是"一带一路"倡议的重要节点和重点合作地区,中国-阿曼(杜库姆)产业园的建设发展,是阿曼和中国产能合作的有益尝试,是中国与海合会国家产能合作的典范。

2. 带动当地经济发展。阿曼是海湾阿拉伯国家合作委员会(海合会)成员,石油、天然气产业是阿曼的支柱产业,占政府总收入的75%。由于国际油价长期在低价位徘徊,阿曼财政出现了一定困难,发展本国经济已是阿曼政府的首要工作和人民的期待。以产业园为平台吸引中国企业落户阿曼,不仅为阿曼创造大量就业机会,还能增加政府税收,带动阿曼本土企业发展。

3. 深化能源贸易往来,发挥互补优势促进产能合作。如何在克服油气生产过剩问题的同时,又提升其他领域的生产能力,已成为制约阿曼经济发展的重要问题。引入中国的机械制造、新能源、现代农业等投资,有助于推动当地产业结构调整。建立产业园,可利用当地丰富的石油天然气资源,成为我国稳定的海外资源供应和原材料生产加工基地,对于深化中阿两国的经济、能源合作、巩固我国石油天然气能源保障体系起到重要作用。产业园的九大合作领域中,石油和天然气的加工、冶炼、存储被列入重点,同时将清真产业纳入合作范围,受到海湾国家民众欢迎。

图为中国－阿曼（杜库姆）产业园签约仪式

优势。在中阿博览会框架下，双方进行反复协商洽谈后，决定由宁夏中阿万方投资管理有限公司投资建设产业园，并将其作为建设开放宁夏、实施走出去战略的示范工程来重点培育。

三是长远布局，重视当地人才培养。产业园于 2016 年启动了阿曼留学生奖学金项目，将在 8 年内资助 1000 名阿曼学生前往中国学习。首批 39 名阿曼留学生已于 2017 年 3 月抵达中国开始了他们的学习生活。

阿曼经济专家纳赛尔说，中国－阿曼（杜库姆）产业园选派阿曼学生到中国留学的做法，既说明中国企业具有开拓精神和长远眼光，也表明了中国企业与阿曼方面真诚合作的态度。中国驻阿曼大使于福龙说，中阿双方在战略沟通、机制建设、务实合作等三个方面进行了务实对接。

中国－阿曼（杜库姆）产业园是双方在产能合作上的积极探索和务实成果。产业园的启动建设，标志着"一带一路"倡议花开阿曼，未来必将辐射到海湾其他国家并结出硕果。

项目点评

阿曼愿意为振兴古老的丝绸之路贡献力量，为阿中关系注入新的内涵和活力。

—— 阿曼外交部秘书长 巴德尔

作为目睹中国 - 阿曼（杜库姆）产业园从确立、规划、建设到启动全部流程的见证人，由衷钦佩中国朋友认真负责的工作态度和令人惊讶的工作效率。至少有两点出乎我的意料，一是产业园由立项到启动的时间之短，二是中国企业入驻产业园的速度之快，这是我以前未曾看到的现象。

—— 杜库姆经济特区管理局官员 萨利赫

中国对阿曼是"授人以渔"的合作，"一带一路"是实实在在的互利共赢。

——阿曼劳工大臣 巴克里

中国的"一带一路"倡议务实而且惠及两国，制造业十分薄弱的阿曼，迫切需要中国的传帮带，阿曼人民真诚欢迎"一带一路"。

—— 阿曼《青年报》记者 哈立德

4 青山工业园：
渔村改旧貌，镍业炼新颜

　　"我生活在这个小渔村已经 40 年了，中国企业到这里来投资的这 3 年，村里发生的变化远远超过了前面的 30 多年。"印度尼西亚东部苏拉威西岛的老居民巴斯利动情地说。

　　2013 年 10 月，作为"一带一路"倡议落地印尼的重点项目，中国与印尼签署协议，决定建设青山工业园。经过 4 年努力，这一民营企业投资项目已经在椰影婆娑中"开花结果"，为印尼当地民众带来了看得见、摸得着的实惠。

　　在青山工业园，依山傍海间，各式拖船、驳船在码头一字排开，浮吊船正在紧张作业；走进冶炼厂，回转窑全力运转、机声隆隆，透过玻璃可以看到其中的熊熊烈火；矿热炉前，炽热的铁水倾泻而下，随处可见堆积如山的镍铁合金块；远处，三期冶炼生产线在如火如荼的建设中逐渐成型，运送沙土、矿石的卡车穿梭不断……

过去的 1000 多个日日夜夜里，中印双方通力合作，在赤道附近的这片偏僻之地建起了一座现代化产业城。2016 年，青山工业园通过中国商务部、财政部的境外经贸外合作区考核确认，荣获印尼工业部颁发的"2015 年工业园区新秀奖"。

项目概况

2013 年 10 月，中国国家主席习近平和时任印尼总统苏西洛在印尼首都雅加达共同见证了青山工业园区及首个入园项目的签约。

印尼矿产资源丰富，为了增加矿产品出口附加值，促进矿产品加工中上游产业发展，创造更多就业机会，印尼政府实施原矿出口禁令。中国企业在原矿出口禁令出台后响应印尼政府的号召建设冶炼厂，以镍加工为核心建设了青山工业园区。

园区位于印尼中苏拉威西省摩罗瓦里县，紧靠省际公路，离海岸约一公里。青山园区开发公司（IMIP）由上海鼎信投资（集团）有限公司和印尼八星集团合资设立。目前 IMIP 已购买土地 2000 公顷，园区主要基础设施已建设完工并交付使用，包括 1130 兆瓦发电站、10 万吨码头、油库、办公楼、员工宿舍、医院和清真寺等。

目前，青山工业园已实现投资近 50 亿美元，将建成全球最大的不锈钢产业基地。园区初步成型，区内企业建设进展顺利。一、二、三期年产 150 万吨镍铁、100 万吨不锈钢坯项目及同步建设的燃煤发电厂和码头已竣工投产，热轧项目试生产。2017 年底，园区全部建成并投产镍矿开采、镍铁冶炼、铬铁冶炼、不锈钢冶炼连铸、不锈钢热轧洗退全产业链，具备年产 300 万吨不锈钢生产能力。

精准对接当地资源与中国产能

苏拉威西岛镍矿资源丰富，可开采镍储量占印尼镍矿总储量的 72%，而镍占据了不锈钢成本的三分之二。中国是全球最大的镍消费国。因此，在苏拉威西岛建设以镍加工为核心的青山工业园，让埋藏在印尼地下珍贵的镍矿与中国的开采冶炼技术以及对于镍加工品的需求有效结合起来，成为互利共赢的选择。

其他国家的矿业公司都在观望、犹豫时，上海鼎信投资（集团）有限公司克服了种种困难，做出大手笔的投资，正是源于其看到了中国和印尼的合作潜力和中国企业走出去的必然趋势。青山工业园区中方代表、鼎信集团董事长黄卫峰说，中国企业走出国门是大势所趋，一方面有助于缓解国内资源紧张等问题，另一方面可以发挥中国企业生产效率和技术创新优势。

带动当地就业，促进社会发展

黄卫峰还表示，园区已经开始向全印尼招聘，并从国内工厂调来经验丰富的老员工，对印尼工人进行传帮带，争取在短时间里能培训出大批合格的当地员工。

工业区为当地提供了 2400 多个就业岗位，并选拔了数百人到中国培训。摩罗瓦立县县长安瓦尔说："我们的居民祖祖辈辈以耕地、打渔为生，中国工厂建立后，他们也成了现代工业技术人员。"

22 岁的印尼姑娘阿迪卡是青山工业园区冶炼厂中控室的值班班长，进厂一年来，从一个对工厂一无所知的门外汉成长为一名能够熟练操控核心设备的基层管理人员。阿迪卡说，是青山工业园培养了她。

收入提高了，渔民的生活水平随之得到了改善。4 年多前，当地仅有 3 辆摩托车，现在有 3000 多辆，几乎每家每户都有一辆。当时，这里没有电，中国企业进来后与印尼电网公司签订协议，园区电厂提供最高峰值为 5000 千瓦的供电容量，由电网公司免费供给周边的居民，居民们也看上了电视。

青山工业园还为周边 8 个村居民提供免费医疗，过年过节资助贫困村民并举办联谊活动。协助当地社区修建灌溉水渠；建造 2 座清真寺；通过设立奖学金，帮助修建校舍、出资聘请东爪哇教育专家现场评估指导等途径，支持当地教育发展。为了解决员工就餐问题，青山工业园向周边渔民购买鱼虾等海产品，还专门教当地居民种植瓜果蔬菜。

坚持绿色发展，共建"绿色丝绸之路"

青山工业园规定，凡露天开采造成的带红土的水流都要经三级沉淀后再排入溪河入海，凡露天开采过的矿山马上填平并种上植被。开采时，矿山入海口不见海水变红，经过 4 年多的矿区开采，这里还依然看得到青山绿水，同印尼大多数镍矿开采点形成鲜明对照。

美丽的苏拉威西岛只有雨季和旱季，旱季时尘土飞扬较严重。青山工业园组建了自己的消防队，除了日常消防训练外，还肩负着另外一份职责，每天在道路上不间断地洒水，就是为园区降尘，使车辆经过的道路不出现扬尘。

■ 图为青山工业园镍铁三期工程施工现场，27 岁的印尼员工旺吉在开吊车

中国和印尼分别为亚洲和东盟最大的国家，既是一衣带水的友好邻邦，又同为 20 国集团成员和全球重要的新兴经济体。中国印尼全面战略伙伴关系已经发展成为地区乃至全球最具影响力的双边关系之一。

印尼投资协调委员会公布的最新数据显示，2017 年上半年，中国在印尼的投资金额增至 19.6 亿美元。青山工业园作为 21 世纪海上丝绸之路建设与印尼全球海洋支点战略务实对接的榜样，正如印尼工业部长希达亚特所言："青山工业园的建设为外国企业在印尼建设冶炼厂带了一个好头。"

"既要让自己过得好，也要让别人过得好。"两个有着不同种族、不同信仰、不同文化背景的国家通过互惠合作，平地盖起了大工厂，建起了大码头，让昔日里的小渔村变成了现代化的工业城。青山工业园践行了"一带一路"机遇共享、优势互补、共谋发展、共享利益、共同繁荣的重要理念。

▍图为在青山工业园镍铁存储区，40 岁的印尼员工哈里岩托（左）在向 20 岁的伊尔汗布置工作

项目点评

印尼的优质镍矿,如果以原矿出口,每吨价值只有 30 美元,但通过青山工业园的生产线炼成镍铁,则每吨价值 1300 美元,再进一步加工成不锈钢,则每吨超过 2300 美元。在中国完善设备、先进工艺的帮助下,印尼不锈钢产业一出世便能站在高平台上,既可培养本地市场,更有机会进军国外市场。

——印尼总统 佐科

中国近年来加大了对印尼投资的力度,为受困于基础设施和工业化水平落后的印尼带来了实实在在的好处,青山工业园正是中国和印尼合作的缩影。相信未来两国在"一带一路"倡议与全球海洋支点战略框架下的合作,必将开创两国各领域关系更加光明的未来!

——印尼世界事务理事会主席 易卜拉欣·优素福

关于青山工业园项目,我想要说的是,它是苏拉威西中部地区最好的项目,因为青山工业园对该地区的经济增长做出了贡献。目前,青山工业园可生产近 100 万吨不锈钢,我认为这是在苏拉威西市中心建造的工业园区中最成功的案例。

——印度尼西亚驻华大使 苏更·拉哈尔佐

感谢中国朋友们的耐心教导,我现在已经熟悉了冶炼厂的各种设备和功能,了解了冶炼的各个流程,部分设备我还可以维修。我还学了一些汉语,来青山工业园之前处于失业状态,是青山工业园给了我新的发展机会。

——青山工业园区窑炉进料工 阿尔巴尔

⑤ 西港特区：中柬合作的样板，当地人民"金饭碗"

在柬埔寨西哈努克港经济特区（简称西港特区）内的红豆国际制衣厂车间，700 余名制衣工人正有条不紊地忙碌着。在头戴彩色头巾的女工中，一位面相敦厚的柬埔寨小伙子格外显眼，他是制衣厂生产小组组长钱索廷，是有近六年工作经验的"老人"了。

在进入工厂之前，钱索廷的工作很不稳定，他做过建筑工人，出海打过鱼，"大多数时候收入都不高，最少的时候一个月只有 25 美元收入。而且那些工作都很危险。"后来，父亲听说西港特区内的制衣厂招工，就鼓励钱索廷试试。

肯吃苦、能用心，又会一点中文，钱索廷很快就当上了生产组长。在工作

067

中，钱索廷摸索出一套自己的工作方法：利用产前会对组员进行工艺讲解培训；加强小组长之间的配合，提升组员的自我价值等等。由于提高了生产效率，他的方法被命名为"钱索廷工作法"，这让钱索廷有了极大的归属感。

由江苏红豆集团联合中柬企业共同开发建设的西港特区，总体规划面积11.13平方公里，首期开发5.28平方公里，以纺织服装、箱包皮具、五金机械、木业制品等为主要发展产业。目前已有116家企业入驻，解决了当地1.7万人的就业。西港特区吸引着大量像钱索廷这样的年轻人，他们在这里找到了工作，获得了稳定收入，还通过自身努力和不断学习成长为企业管理层，看到自己身上更多的可能……

西港特区为何被称为"一带一路"中柬务实合作的样板项目？

首先，得益于两国高层的政治互信，从中央到地方的政策协调和沟通到位。

2015年4月，中国国家主席习近平在雅加达出席万隆会议60周年纪念活动时会见洪森首相，提出要在"一带一路"框架内加强基础设施互联互通合作，

图为西哈努克港经济特区管委会的工作人员正在工作

运营好西港特区。2016 年 10 月，习近平主席在《柬埔寨之光》报发表的署名文章中指出，"蓬勃发展的西哈努克港经济特区是中柬务实合作的样板"。"继续实施好西哈努克港经济特区等合作项目"还被写入了《中华人民共和国和柬埔寨王国联合声明》。

柬埔寨《2015－2025 工业发展战略》指出，要把西哈努克省开发为柬埔寨最大的经济特区。西港特区已成为全省重要的经济发展引擎，带动了全省经济的发展。柬埔寨政府对西港特区专门出台了一些投资政策。首先是进出口优惠，比如用于生产的原材料全部免税、出口免税，入驻企业可获 6－9 年的所得税免税期。对园区企业的电力供应等，政府也给予了一定优惠。

2014 年 7 月，西哈努克省与江苏省签署了友好合作备忘录。柬埔寨政府相关部门专门考察无锡、苏州的开发区运营经验，并将"中国的开发区都有一个管理委员会"的做法引入柬埔寨。于是，西港特区也有了管委会，帮助区内企业解决问题。

其次，抓住了中柬经济发展与合作的"天时、地利"。

近年来，柬埔寨政局稳定，经济发展迅速。世界银行报告预测，2017 年柬经济将增长 7%，2018 年将增长 6.9%。柬埔寨拥有 1500 多万人口，人口年龄结构趋于年轻化，且劳动力成本较低。

从区位条件看，柬埔寨地处东盟中心，湄公河流域的核心区域。西港特区紧邻柬埔寨 4 号国道，距西哈努克国际深水港及火车站 12 公里，距西港国际机场仅 3 公里，海陆空交通便利，还开通了无锡到西港特区的直航航班。

此外，在国际贸易方面采取宽松的资金与税金管理政策，没有外汇管制，这些都让柬埔寨变身"新新兴市场"成为可能。柬埔寨既享受东盟成员之间零关税，又可享受欧美等发达国家给予的特殊贸易优惠政策及额外的关税减免优惠。

近年来，中柬双边贸易和双向投资保持强劲增长势头，中国连续 3 年成为柬埔寨第一大贸易伙伴、第一大投资来源国，2016 年双边贸易额突破 48 亿美元。

经济上合作互补，互利互惠，符合两国和两国人民的根本利益。

其三，西港特区让当地人的钱包和技能都"富了起来"。

西港特区最为当地人称道的，就是带动了当地居民收入的明显提高，发展机会的增加。西港特区30%以上的工人来自附近乡镇，同时有很多村民向工人出租宿舍或开设小商店，拓宽了收入来源，成为当地"先富起来"的人。以当地默德朗乡为例，自西港特区成立至今，全乡人均年收入从400美元提高到1000美元。用当地的话来说，"以前是全家每年收入一头牛，现在是每个在特区上班的员工一个月就收入一头牛。"

阿美是一个20岁的柬埔寨姑娘，现在西港特区一家中资家纺公司担任办公室翻译。她家兄妹四个都在西港特区工作，作为全家中文最好的人，阿美的工资最高，全家每月收入有1000多美元，不仅建了新房，还添置了电视机和小汽车，过上了小康生活。

西港特区里的中国企业注重人性化管理，不仅为工人提供生产培训，而且非常尊重员工，生产车间里舒适的空调，悠扬的音乐都是工人提出建议后工厂作出的改善。钱索廷说："我真是来对地方了。"

西港特区捐资25.4万美元为当地修建学校，开办夜校免费教授中文。联合无锡商业职业技术学院共同建设的培训中心对区内柬籍员工及周边村庄学生进行专业技能培训和语言培训，截至2017年4月，培训已举办10期，累计培训人数达2.35万人次。西港特区还计划在园区内建一所大学，为整个柬埔寨工业发展培训产业工人。

作为国际产能合作旗舰项目，西港特区的目标是打造"一城、两港、三中心"。"一城"即中柬友谊城；"两港"即海港和空港；"三中心"即柬埔寨新经济中心、东南亚新物流中心、大湄公河次区域培训交流中心。

目前，西港特区的工业产值对西哈努克省的经济贡献率超过50%，西哈努克省省长润明将西港特区称作推动该省经济发展的"发动机"，人民的"金饭碗"。洪森首相也多次说，希望西港特区能成为"柬埔寨的深圳特区"。

中国和柬埔寨是有着千年友好交往历史的好邻居。巴戎寺内，雕有彼时远赴柬埔寨的古代中国商人的壁画栩栩如生，而今天，一箱箱标有"柬埔寨制造"的货品从西港特区发出，承载着两国人民携手发展的愿景，沿着海上丝绸之路驶向世界各地。中国企业通过西港特区将优质的产能、先进的技术和管理经验传递给柬埔寨人民，两国携手践行"互学互鉴、互利共赢"的理念，结出累累硕果。

项目点评

西港特区是唯一由柬中两国政府签署合同表示支持的工业园区。这个项目已经成为柬中两国合作的示范性项目，为柬埔寨人民带来很多切实的好处。我们也欢迎中国以及其他国家的企业投资，特别是投资一些基础设施建设，包括铁路、公路，以及输变电项目，为这个特区提供更好的发展条件。

—— 柬埔寨首相 洪森

西港特区对柬埔寨工业发展起着积极的推动作用，特别是在推动西哈努克省成为"综合性示范经济特别区"的行动中有着"领头羊"的作用。我们希望与西港特区公司携手合作，共同把中国政府援建的职业技术培训中心打造成一个综合性的培训基地，不仅为特区培养人才，更为柬埔寨培养产业工人。

—— 柬埔寨职业培训和劳工大臣 伊桑亨

刚进工厂时我什么都不会，中国师傅教我们使用机器、缝制、裁剪，还教我们学习汉语。我真是来对地方了！

—— 西港特区内红豆国际制衣厂车间员工 钱索廷

6 苏伊士经贸合作区：从红海岸边的戈壁到中埃合作的桥梁

　　绿油油的草坪和整洁的街道，与墙外的沙漠戈壁形成了鲜明的对照。午饭时分，一座两层楼房的职工食堂，一楼是埃及餐厅，二楼是中餐厅。这里有四名中国厨师，主要做杭帮菜和川菜，也提供清真食品，员工可随意选择餐厅就餐。餐厅负责人是埃及人，但各方面的服务均达到国内餐厅的水平，服务员能够用中文与顾客交流。春节大家一起包饺子，开斋节大家一起吃开斋饭……这里就

■ 图为苏伊士经贸合作区正门

是中埃·泰达苏伊士经贸合作区（简称苏伊士经贸合作区）。

境外经贸合作区是我国近年来对外投资的亮点。苏伊士经贸合作区地理位置优越，位于埃及苏伊士运河南端，距开罗约120公里，距离埃第三大港口——艾因苏哈那港仅2公里，是"一带一路"和"苏伊士运河走廊经济带"的交汇点。作为中埃两国战略合作项目，苏伊士经贸合作区是国家对外经贸合作领域的优秀代表，是中埃双边产业合作和经贸对话的实质性平台。

苏伊士经贸合作区以高度的集群优势和完善的配套服务，成为了中国对埃投资的主要平台，共吸引中方投资4.1亿美元，是中国对埃投资最集中的区域，同时也带动了当地经济发展和就业。目前，苏伊士经贸合作区"投资平台"作用日趋明显，"集群式"发展模式已逐步完善。起步区内初步形成以巨石玻纤、恒石等为主的建材新材料产业链，以西电为主的电气设备集群，宏华钻机为主的石油装备产业集群，还建有中小企业孵化园，为小微企业提供配套服务。

目前在合作区落户的中国企业中，巨石埃及玻璃纤维股份有限公司（简称巨石埃及）是较具代表性的一家企业。作为全球玻纤行业最大的专业制造商，全球市场占有率达到20%以上，巨石埃及项目自2012年启动以来，目前累计投资5.7亿美元，占地23.4万平方米，包含三条玻璃纤维生产线，年产量为20万吨，已是巨石集团在海外部署的两大生产基地之一。

据天津泰达投资控股有限公司董事长张秉军介绍，巨石集团的模式非常适合到埃及投资，一方面靠近原料地，一方面靠近用户。原料是埃及生产的，品相非常好，产品大量出口北美和欧洲。

扩展区规划以出口加工、先进制造、现代仓储物流为主导，以保税商品展示和交易、科技研发和服务外包、商务办公等为辅助，包括完善的生活和服务配套设施的综合性自由型经济区，吸引各国企业特别是中资企业集群发展。

埃及泰达特区开发公司首席执行官张植祥介绍说，比起起步区，扩展区不仅体量更大，而且在基础设施建设和招商引资方面有着更大目标："在2016年1月正式启动以后，扩展区开展了大规模的基础设施建设，包括道路和水、电、气等一系列项目。扩展区计划投资 2.3 亿美元，吸引投资 20 亿美元，吸引 150 – 180 家企业入驻，实现销售额 80 亿 – 100 亿美元，提供约 4 万个就业机会。"

目前，计划投资 3000 万美元的大运集团有限公司已经签订 20 万平方米土地购买合同，中国玻璃、恒石玻纤布二期、中海运、英利太阳能、安阳华森纸业和 IDM 三期等重点项目也在推进中。

苏伊士经贸合作区之所以发展迅速，主要得益于：

选址定位精准。中国驻埃及亚历山大省总领事徐南山说，合作区地处"一带一路"建设与埃及"苏伊士运河走廊"开发计划的节点上，园区毗邻沿运河三省及亚历山大省，沿线工业基础较好，有承接产业转移、促进产能合作的天然优势。他表示："这四个省的地理位置非常重要，毗邻地中海和红海，连接着亚洲和欧洲。埃及几乎所有的港口都在这四个省，埃及的进出口贸易和货运基本都要通过这四个省。而在工业产值方面，四省加起来约占全国一半。"

投资环境好，开展产能合作有基础。徐南山说，埃及天然气充足，用电价格比国内便宜很多，劳动力价格也便宜；埃及人多，自身也有一定的市场；此外，

图为 2017 年 3 月 13 日，记者团在苏伊士经贸合作区参观沙盘

产品出口（在关税方面）可以享受到埃及与欧盟国家间的优惠政策。据了解，目前埃及政府已经将整个合作区纳入了经济特区范畴，根据当地法律，园区内企业不仅可以享受"一站式"注册的待遇，还能在设备和原材料进口环节获得税收优惠。

园区运营模式的复制和升级凸显"抱团出海"优势。张植祥介绍说："在产业布局、能源规划、土地建设方面我们提供一揽子的解决方案；在园区管理方面我们采取了很好的安防措施，建立了应急机制。"同时，为了适应当地的实际情况，合作区在研究当地法律和社会实践方面积累了经验，把在埃及投资相关的法律进行了翻译和梳理，为投资（方）提供了法律支持；经贸区抱团出海的规模化优势能够为企业争取到更大话语权。

在苏伊士运河的南口、红海西岸，泰达建起的现代化产业园区，成为"中埃合作桥梁"。随着中埃两国全面战略伙伴关系的建立，苏伊士经贸合作区将获得更好的发展环境，成为中外共建园区的样板和"一带一路"建设的亮点。

项目点评

埃中友谊源远流长。埃及的"苏伊士运河走廊开发计划"与中国的"一带一路"倡议不谋而合，必将激活两国各领域合作的巨大潜力。

——埃及前总理 马赫莱卜

苏伊士经贸合作区是目前埃及最具活力的心脏地区，以及埃及发展的未来。它将推动埃及经济发展，吸引世界各地投资者和大量埃及劳动力，并给埃及介绍很多国际经验。我相信对埃及来说，苏伊士经贸合作区才是真正的未来。

——埃及苏伊士运河管理总局新闻发言人 福阿德

当我首次在埃及走进中国企业的内部，工厂有条不紊且高效的节奏给我留下深刻印象。

——埃及著名记者 鲁道夫·卡洛

7 中国－印尼经贸合作区：承载共同富裕的梦想

在印尼西爪哇省贝卡西县贡娜村生活的小伙子阿里·阿米佐约没有想到，自己和整个村子的命运在短短7年时间里，发生了重要改变：原来靠着种植香蕉、水果等产品，年收入不过数百美元；如今一个季度的收入就超过了过去全年的收入。"更为重要的是，过去网络信号若有若无、时断时续的情况，如今得到了彻底改变。"

这种改变源于中国－印尼经贸合作区在当地的投资和建设。"高速度、高效率、高效益"的"中国模式"，让周边民众分享到了园区合作发展的福祉。

图为中国－印尼经贸合作区道路鸟瞰图

2007年,广西农垦集团中标承建的中国－印尼经贸合作区位于印尼西爪哇省贝卡西县绿壤国际工业中心,是中国商务部、财政部确认考核通过的20个境外经贸合作区之一,是广西承建的首个国家级境外经贸合作区。

合作区距"雅加达－万隆"高速公路出口仅2公里,距雅加达市中心37公里,距雅加达国际港口50公里,距雅加达国际机场60公里,距印尼第三大城市万隆90公里。这里拟建成集工业生产、商贸、仓储于一体的现代化国际经贸合作区和中国优势产业在印尼的重要产供销仓储集散中心。

前期选址遭遇波折当地民众帮忙化解

购置土地是园区项目落地的基础,在中国－印尼经贸合作区建设前期,广西农垦集团先后6次组织工作小组到印尼实地考察了20多处地块。在考察时,印尼某县县长提出合作方案,许诺零地价供地,只需以10%合作股份进行交换。但经核实后,发现该县的拟选地块产权属于印尼国家林业部,县长给出的承诺

无法兑现。广西农垦集团在综合考虑后启动了项目重新选址的方案。

阿里·阿米佐约就是在西爪哇省的村子里与广西农垦集团的团队结识的。当时由于中介人没有事先跟土地的主人进行沟通就带他们去现场看地，结果对方以为他们已经向中介人付了购地款，于是带来一帮村民把中方项目团队团团围住。直到粗通汉语的阿里·阿米佐约出现，并转达了"不会背着对方买卖土地"的保证后，团队成员才离开。

虽然有一些波折，但在中国企业和当地民众的共同努力下，2009年1月，项目确定落户西爪哇省贝卡西县绿壤国际工业中心，同年10月项目一期开工。合作区一期规划建设用地200公顷，总投资约8亿美元；二期规划建设用地300公顷，总投资预计12亿美元。

"三管齐下"打开招商引资局面

在印尼的外国投资园区全部采取市场主导的方式自主投资经营。广西农垦局副局长金大刚介绍说："合作区位于印尼首都雅加达地区工业长廊上，周边都是基础配套成熟、产业初具规模、招商经验丰富的园区，竞争十分激烈。开发建设期间又恰逢金融危机和欧债危机爆发，全球经济剧烈下挫，投资者对投资异常谨慎，给合作区的招商引资工作带来了巨大困难。"

为了提高竞争力，合作区"三管齐下"：一是聘请新加坡裕廊国际集团按照高起点、高标准、国际化的要求，对园区进行规划设计；二是在加快基础设施建设的同时，通过使领馆、展会、网络、媒体等多种渠道大力开展招商引资工作；三是建立健全机构和制度，提高园区管理水平，加强对入园企业的服务。

2011年7月18日，合作区与阿拉达·歌莉娅·幕迪古娜有限公司签订协议，实现了招商引资工作"零的突破"，从此逐步踏上发展的快车道。

截至2017年上半年，合作区已入驻的企业达39家，其中中资或中资控股企业有中海油服、中国西电集团、南通康桥油脂等12家，台资企业3家，印尼企业10家，日资企业3家，法资企业1家。现有24家企业实现投产，4家企业正在施工建设，建区企业投资额累计投入资金 2.1 亿美元，入园企业累计投资额 7.3 亿美元。

如今，走进合作区，水、电、路、气等基础设施已完善，厂房林立、产业集聚，园区管理服务和企业生产经营有序开展。

秉持"合作共赢"精神，"共享"发展红利

合作区及区内中国企业秉持"合作共赢"的丝路精神，践行"共商共建共享"原则。

据印尼官方统计，合作区及园区企业已累计聘用当地员工近 3000 人，截至 2017 年 7 月，入园企业缴纳各种税款累计近 2600 万美元，促进了当地经济的发展和居民就业。

在规划投资伊始，合作区就秉承"为企业提供最完善的配套服务"的理念进行设计。园区配有从幼儿园至大学的教育设施、各类大型商场以及医院等，还向当地纳格沙利村培训中心捐赠了培训设备。

在 2016 年举行的"2017 中国 – 东盟'迎新春增合作'系列活动"上，中国 – 印尼经贸合作区获得了 2016 年度中国走进东盟成功企业奖。2017 年 5 月，印尼西爪哇省省长阿赫玛德·赫里亚万率代表团访问广西时，与广西缔结友好省区关系协议书。

中国 – 印尼经贸合作区作为国际产能合作园区，在建设运营过程中积累了一些值得借鉴的经验。

第一，可靠的合作伙伴不仅可以帮助加快园区项目建设进程、减少前期投入，还能在投资国政府与中方之间搭建起有效的沟通桥梁。如，广西农垦集团在印尼的合作伙伴是布米巴拉巴汽车装配总公司，董事长是一名印尼华裔，政治可靠、信誉度高。该公司在园区选址、购地以及与地方政府联系沟通等前期工作上发挥了重要作用。

第二，熟悉、尊重东道国商业习惯。广西农垦集团工作人员刚到印尼的时候，

常常在周六、周日找当地官员协商解决问题。但之后发现，在周末谈好的事情都得不到兑现。原来，在印尼有一种不成文的办事习惯"周末不谈正事，谈了也白谈，惹了官司更麻烦"。印尼不提倡利用周末时间加班，认为这是工作效率不高的表现，在周末签订的合同往往不受法律保护。

合作区利用印尼丰富的原材料、廉价的劳动力和畅通便利的交通等优势，吸引中国企业入驻园区，实现中国优质产能的国际转移，成为中国与东盟经贸合作的"标杆"。同时，合作区建设对推进印尼当地经济社会发展和提升中国企业国际形象有积极作用。

"快乐的日子，在生命中不断循环，我与伙伴共同度过那美好时光……心中默默地祈祷，求主恩赐我民族，生活永远安宁，永远和睦。"这是印度尼西亚第六任总统苏西洛在游览中国桂林漓江山水时的有感而发。也正契合了中国和印尼人民和平、发展、富裕的共同梦想，中国－印尼经贸合作区正是两国务实合作，让梦想照进现实的成果。

▌图为印尼入园企业 PT. sanden Indonesia

项目点评

随着中国进行产能转移，印尼应从原材料供应国向消费品供应国转变，同时做好在"一带一路"沿线承接中国这部分产能的准备。

—— 印尼投资协调委员会主席 汤姆·莱姆邦

在众多对印尼的投资项目中，从考察、规划、建设、招商引资等整个过程来看，中国-印尼经贸合作区的建设实现了"高效率、高速度、高效益"，更为重要的是，这种高效率全面促进了当地经济发展，企业经济效益和老百姓的收入呈现出一种"正相关"的态势。这是我们最高兴看到的情况。

—— 印尼经济统筹部长 达尔敏

中国企业在国内园区建设的能力，能够成功地移植到海外的印尼，证明中国企业的发展理念、投资模式、运营管理方式在当地具有很强的适应性。合作区不仅大规模提升了园区建设的综合配套能力，而且通过"搭建平台"的理念，吸引更多跨国企业进入园区，形成了强大的"吸纳-辐射"效应。

—— 印尼投资协调会副主席 坦姆巴·胡达贝亚

図为华凌国际经济特区一隅

8 华凌国际经济特区：
推动建设"环黑海国际经贸商圈"

　　中国驻格鲁吉亚大使季雁池 2017 年 9 月 30 日在第比利斯海商贸广场的试营业庆祝仪式上说，"第比利斯海商贸广场的开业，将像磁铁一样吸引亚洲、欧洲、中东地区国家。在各方共同努力下，第比利斯海国际商贸城将成为'一带一路'格鲁吉亚站的固定'中欧班列'，成为本地区最繁荣的物流中心。"

　　第比利斯海商贸广场位于格鲁吉亚首都第比利斯市瓦泽素巴尼区，是外高加索地区规模最大的商贸中心，也是华凌国际经济特区的核心组成部分和主要商业项目之一。

　　2012 年 7 月，格鲁吉亚时任总理梅拉比什维利在开工奠基时曾说，格鲁吉亚政府格外重视这个项目，这是中国企业在格鲁吉亚最大的投资，将提供3000个就业机会，提升当地民众的生活水平。

作为华凌国际经济特区的核心组成部分，第比利斯海商贸广场由五层12万平方米的主楼、2万平方米的建材市场群、10万平方米的保税仓和9万平方米的周转仓组成，集零售、批发、国际贸易于一体。新疆华凌工贸（集团）有限公司（简称华凌集团）的格鲁吉亚团队采取国内与国外资源双重拓展和整合的方式，经过三年多的建设、开发及招商，招商率已达85%以上，经销的主要商品有服装、日用品、建材、电子产品、家具等。

在中国，商贸广场积极与上海、广州、深圳、顺德、常熟、海宁等产业地集群地的知名企业及商会对接，引入了以家居、建材、服装、家具等格鲁吉亚市场刚性需求产品为主的中国商家。同时抓住第比利斯市内几大老市场搬迁的时机，吸纳本地商户200余家，有效整合了周边国家和区域的商业资源。

华凌集团党委书记郭向阳介绍说，"在提供现有商品的同时，我们还将引进大型超市、国际品牌专卖店、餐饮、各种娱乐设施等，为推动丝绸之路经济带建设，重现格鲁吉亚欧亚物资集散地的辉煌而努力。"

2012年7月，首期投资3亿美元、占地面积达7000多亩的华凌国际经济特区项目开工奠基，计划建设成为一座外高加索和环黑海地区规模最大、档次最高，集购物、旅游、餐饮、五星级酒店、娱乐为一体的现代化商贸城，并以此推动"环黑海国际经贸商圈"的形成和发展。

华凌国际经济特区丰富了格鲁吉亚的商品市场，直接或间接带动当地就业数千人，如今已经成为第比利斯市的新区，改变了周边居民的生活。第比利斯在当地语言里是"温暖"的意思，曾被著名旅行家马可·波罗誉为"诗画一样美丽的城市"。从地图上看，第比利斯位于大高加索与小高加索山脉之间，又被黑海和里海完美地夹在中间。

华凌集团是新疆现代商贸流通行业龙头企业，也是一家民营企业，十年来在格鲁吉亚总投资额达10亿美元，为当地创造了近4000个就业岗位，成为格鲁吉亚最大的外资企业。2007 年，华凌集团在格鲁吉亚投资了森林采伐和矿业开采项目。两年后，集团又投资建设了华凌自由工业园区、华凌国际经济特区。2012 年 6 月，华凌集团收购格鲁吉亚贝西斯银行 90% 的股份，2014 年底完成剩余股份的交割，如今华凌集团已成为该家银行 100% 的股权持有者，并拟通过该行继续在格发展金融业。

2014 年 12 月 20 日，格鲁吉亚时任总理加利巴什维利向华凌集团总裁米恩华颁发了"最佳外资企业家"奖，并题字"认可其成功的投资对格鲁吉亚经济发展所作出的贡献"。

基于华凌集团在格鲁吉亚的良好声誉，早在 2012 年特区项目启动之时，格鲁吉亚政府就多次派高层官员前来考察并磋商解决企业资金安全、优惠政策落实等相关问题；格鲁吉亚议会专门通过了由总统签署的文件，给予该项目极为优惠的政策。

中国和格鲁吉亚相隔万水千山，但两国人民之间有着传统友谊，古老的丝绸之路就是连接这一友谊的纽带；格鲁吉亚与乌克兰、罗马尼亚、保加利亚、希腊四国隔黑海相望，并与俄罗斯、土耳其、阿塞拜疆、亚美尼亚等国接壤，是"一带一路"建设的重要参与国和连接欧亚的桥梁。

随着近年来中格经贸合作的迅猛发展，中国已成为格鲁吉亚第三大贸易伙伴、第二大葡萄酒出口市场和最重要的投资来源国。有了以华凌集团为代表的中企投资，以及华凌国际经济特区等项目的顺利推进，中格双方在经济技术、投资、产能合作等领域的合作必将继续深入，秉持共商共建共享原则，共同建设好欧亚经济走廊。

图为华凌·第比利斯海商贸广场试营业仪式上忙碌的商户们

项目点评

第比利斯海商业广场是一个超级现代化的购物中心。我有信心，它一定会吸引来自各地区的消费者。这个项目标志着中格两国之间的关系上升到新的平台。

—— 格鲁吉亚总理 克维里卡什维利

华凌走到哪里，我们就跟到哪里！之所以毫不犹豫地跟华凌去格鲁吉亚发展，是因为国家鼓励企业走出去，有华凌这艘大船可乘，何乐而不为？

—— 新疆奥美天成家具制造有限公司总经理 杨军

⑨ 霍尔果斯－东门无水港：
中欧、中亚陆桥服务的重要枢纽

"有人问我，什么叫无水港？"霍尔果斯－东门无水港（简称无水港）公司的首席执行官卡尔盖森说，"简单来说就是一个没有水的港口"。

2014 年，卡尔盖森从比利时来到这片人迹罕至的沙漠。3 年来，他看着中哈边境上的这个港口从一无所有变成了颇具规模的铁路货场。停靠在这里的不是船，而是火车。他对从中国到印度、伊朗、土耳其和欧洲等国家的每条贸易路线都了如指掌，把这里称作"一个正在崛起的贸易枢纽"、"丝绸之路上东西方交汇的地方"。

无水港位于霍尔果斯－东门经济特区（简称特区）内，面积 294 公顷，总面积 129.8 万平方米（约合 1947 亩），占到特区总面积的三分之一以上，投资方为哈萨克斯坦国家铁路快运公司。

2017 年 5 月 15 日，连云港港口控股集团有限公司和中远海运集装箱运输有限公司联合收购了无水港 49% 的股权，哈萨克斯坦国家铁路快运公司持有 51% 的股权。三方将充分发挥无水港西部陆上通道门户和连云港海上东部出海口的区位优势，通力合作将无水港打造成连接丝绸之路经济带与 21 世纪海上丝绸之路的重要贸易枢纽。目前已按合同和章程组建合资公司，中方经营团队已陆续派驻。

2017 年 6 月 8 日，中国国家主席习近平对哈萨克斯坦进行国事访问期间，与哈萨克斯坦总统纳扎尔巴耶夫一起出席跨境运输视频连线仪式，在现场先后连线中哈连云港物流合作基地和无水港，视频显示了两地班列作业、换装和编组场景。随后，两国元首共同推动操控杆，两个分会场四列火车鸣笛开行。

如今，每个月大约有 65 辆满载 6200 标准箱货物的火车穿过无水港。2017年 1 至 9 月，共运营班列 750 列，换装 6.3 万个标准集装箱，同比增加 53.6%。

三方资源叠加，打造双向跨境陆海联运大通道

无水港建有中哈铁路换装站、小麦货运站、包装货物货运站、集装箱堆场、仓库等设施。主要经营国际班列换装拆装箱，托运仓储包装，货物的监装监卸，咨询及其他国际货物运输代理等业务。其中，铁路换装站含有 6 条并行铁轨，中国标准和哈国标准各 3 条，用于过境中转集装箱快速换装，另有 2 个仓库，用于中、哈火车散杂货物的仓储、拆装。

在中资企业收购股权后，三方将各自的优势资源对接了起来。哈萨克斯坦国家铁路快运公司拥有当地的铁路基础建设资源，中远海运集团发挥其强大的海上集装箱运输网络能力和陆上海铁联运综合服务优势，连云港港口集团作为中国沿海 25 个主要港口、12 个区域性主枢纽港和长三角港口群三大主体港区运营商之一，货物吞吐量年均增长 17%，具有明显的货源优势。三方致力于共同打造由阿拉木图经伊斯坦布尔直至中亚、中欧、西欧其他国家的双向跨境陆海联运大通道，将无水港建设成为中欧、中亚陆桥服务的重要枢纽，同时实现与海上航线的有效联动，形成以连云港为中转枢纽、以航线和班列为载体、以东西两个场站为平台的全程物流服务链，保证中欧班列的跨境运输通畅，同时促进中哈经贸合作的进一步升级。

"三方共同投资建设的无水港项目处于丝绸之路经济带的战略要地，是连接中欧和中亚班列的关键节点，将为哈萨克斯坦及中亚货物打通中国东部出海口提供物流保障。"中远海运集团董事长许立荣说。

项目带动经济特区繁荣发展

2014 年 12 月，无水港正式投入使用，成为哈萨克斯坦境内最重要的物流中心。据特区投资主管扎斯兰介绍，一些外资企业已陆续在特区落户。在无水港的带动下，项目所在区域已建成包含幼儿园、小学、中学以及医疗机构等的

居住区。很多哈萨克斯坦年轻人看重特区的发展潜力和活力，甚至放弃都市生活来到这里工作，不久的将来，这里将出现一座崭新的城镇。

无水港建设的推进带来了新的就业机会。无水港公司99%的员工是哈萨克斯坦人。而整个特区的建设和运营工程将创造2.5万个工作岗位。同时，这里让留学中国的哈方人才有了展示所学技能的平台，并将逐渐打造一个全新的中哈霍尔果斯合作口岸。可以预期，在中哈两国的共同关注与全力支持下，无水港将继续推进，特区也将像中国深圳一样繁荣起来。

"这条新亚欧陆海联运通道实现了港口、铁路、海路的运输集成，我们要进一步做好国际物流通道这篇大文章，实现深水大港、中欧班列、远洋干线、物流园区的无缝对接。"连云港港口集团董事长丁锐说，"下一步我们将继续运营好这条大通道，在进行硬件建设的同时实现信息化，让这条大通道硬件畅通、软件联通。"

丝绸之路经济带从中国向西延伸，第一站就是哈萨克斯坦；中国与沿线国

图为霍尔果斯－东门无水港

家进行产能合作、发展战略对接，第一个对接的也是哈萨克斯坦。哈萨克斯坦已经从传统内陆国转型为亚欧大陆上的关键运输枢纽，在东西方贸易链中发挥日益重要的作用。

无水港是"一带一路"倡议与哈萨克斯坦"光明之路"战略对接的示范性收获项目。随着中哈跨境运输合作的不断深化，将为"一带一路"相关国家创造更多运输便利和合作机遇，实现丝绸之路经济带和 21 世纪海上丝绸之路的有机对接，为双向跨境陆海联运大通道提供一个贸易物流的共赢平台。

"志合者，不以山海为远。"广袤的亚欧大陆上，那一趟趟奔驰的班列，把中哈两国的货物拉得更远，也把中哈两国人民的心拉得更近。

项目点评

哈中欧亚跨境运输合作是"光明之路"新经济政策同丝绸之路经济带建设有效对接的成功典范，必将为沿线国家带来经济繁荣、人民幸福。

——哈萨克斯坦总统 纳扎尔巴耶夫

我已经在这里 5 年，见证着这里从一片荒芜之地发展为国际贸易中心，见证了亚欧跨境运输带来的巨变。无水港连接中国的 27 个城市和欧洲的 11 个城市。货物源源不断地从中国内陆运过来，被整合后再运输到亚欧大陆各目的地。

——哈萨克斯坦商人 布杜克夫热瓦力

⑩ 蒙内铁路：
中肯友谊的新桥梁

多年来，经常往来于港口城市蒙巴萨和首都内罗毕的肯尼亚人饱受交通不便之苦。肯尼亚蒙巴萨–内罗毕铁路项目（简称蒙内铁路）建成前，内罗毕和蒙巴萨之间的交通方式有米轨火车、飞机和公路三种，米轨火车时速太慢，飞机价格高昂，A109 公路时常拥堵。从 2017 年 6 月起，肯尼亚人多了一种出行选择——车程仅有 4 个半小时的蒙内铁路。

蒙内铁路东起肯尼亚第二大城市、东非重要海港蒙巴萨，西至首都内罗毕，项目主线全长约 472 公里，总投资 38 亿美元，由中国路桥工程有限责任公司（简称中国路桥）承建，全部采用中国国铁一级标准进行设计施工，2014 年 12 月 12 日开工，2017 年 5 月 31 日通车。

蒙内铁路为客货混用，以货运为主，客车设计时速为 120 公里 / 小时、货车设计时速为 80 公里 / 小时。建设期内带动肯尼亚国民生产总值（GDP）每年增长 1.5% 左右，降低物流成本 40% 左右。

国之交在于民相亲，民相亲在于心相通。蒙内铁路作为"一带一路"倡议在中肯产能合作、三网一化政策实施方面的典范项目，在强调项目经济效益的同时，更注重人与人的沟通、交流。历时 29 个月，近 3000 名中国建设者、4.6 万名肯尼亚建设者通力合作，建设的不仅是肯尼亚百年以来的首条铁路，更是中肯友谊的新桥梁。

中国路桥蒙内铁路运营公司总经理黄金灿表示，"蒙内铁路始终尊重国际通用商业规则，依法合规经营，坚持正确义利观，积极履行社会责任，致力于与肯尼亚政府、民众、当地企业共同发展、共享价值,实现中肯民心的'软联通'"。

生态设计打消疑虑

在肯尼亚，上至政策制定者、下至普通民众都对环保充满热情。蒙内铁路自东南至西北的走向与肯尼亚最大的野生动物国家公园——察沃国家公园走向相同，铁路在公园内穿行长达 120 公里，在国家公园内修建铁路是否会对生态环境和野生动物产生影响成为肯尼亚人的疑虑。

为了打消这一疑虑，蒙内铁路项目从设计阶段就把"绿色环保"作为定桥开道、筑路建基的前提和指导原则。不仅借鉴了荷兰 A50 公路、德国 B38 公路、中国青藏铁路在环境保护方面的经验，还做了大量调查研究，举行了几十次座谈，征求肯尼亚政府、野生动物保护组织、居民等多方意见，通过线路并行、设置通道等方式将铁路对生态环境和野生动物的影响降到最低。中国驻肯尼亚大使、常驻联合国环境规划署代表刘显法表示，"蒙内铁路项目建设坚持尊重了自然、适应自然、保护自然的绿色发展理念"。

一方面，蒙内铁路沿用了原有的交通走廊，穿越察沃国家公园时的大部分路段与既有的铁路和公路贴近并行，避免对公园的二次破坏。

另一方面，蒙内铁路项目部与肯尼亚野生动物保护局合作，了解野生动物的生活习性和迁徙路线，在平地架设桥梁式通道方便大象、长颈鹿等大型动物通过，在低洼处设置涵洞方便小型动物饮水、通过。蒙内铁路全线共设置桥梁61处、动物通道14个、排洪涵洞和立交涵洞等近600处，以供动物穿行。

蒙内铁路建成后，野生动物保护组织"拯救大象"研究部负责人本森·奥基塔博士和其他环保组织负责人实地考察了动物通道的使用效果后说，"在动物通道及其两侧，我们发现了大象、狮子、羚羊的新鲜脚印，野生动物确实在使用这些通道。"

授人以鱼，更授人以渔

蒙内铁路项目不仅将中国技术、中国标准、中国装备、中国管理引入肯尼

图为"不让长颈鹿低头过"的蒙内铁路察沃河特大桥

亚，更注重对当地雇员的技术培训，让每个雇员具备从事岗位所需的技术能力，掌握每一道工序的工艺技术和操作规程。

皮特是蒙内铁路项目的一名吊车驾驶员，他和他的"中国师傅"共同负责架设铁路电线杆的工作。说起"中国师傅"的教学水平，皮特赞不绝口，"中国人很大方，'中国师傅'愿意将技术和知识传授给我们。"

人才培养计划是蒙内铁路项目的重要部分。在项目的建设和运营期间，像皮特和他的"中国师傅"这种以师带徒的培训十分常见。数据显示，蒙内铁路为肯尼亚创造了超过4.6万个就业岗位，其中有2万多人接受了中方技术培训，2000多人成为了运营专业人才。

"手把手"的教学还远远不够。为了储备铁路人才，蒙内铁路项目联合肯尼亚铁路培训学校和中国知名高校，开展机务、车务、工务、电务、车辆等覆盖铁路运营各个专业的全面培训，为肯尼亚培养掌握中国铁路标准的铁路职业技术人才。蒙内铁路项目还资助了肯尼亚铁路技术学院建设和百名肯尼亚学生来华留学。

"授人以鱼不如授人以渔，这个项目体现的正是这样一种精神。我们要建设一条百年铁路，更要做好当地雇员的培训和技术转移，这也是对肯尼亚政府和肯尼亚人民的承诺。"中国路桥肯尼亚办事处总经理李强说。

目前，运营公司拥有肯方员工1348人，占比72%。在多种培训措施下，蒙内铁路在运营中将分系统、分专业、分层次逐年减少中方人员比例，实现2018年肯方员工占比达76%、2027年达90%的本地化目标。

公益项目拉近两国民心

700吨左右的钢结构材料、200万美元的施工成本，中国建设者为肯尼亚埃马利镇建造了一座横跨蒙内铁路的天桥。

原来，蒙内铁路从埃马利镇中心穿过，镇上的2.5万名居民被封闭的铁路隔开，出行受到了不小的影响，镇上的孩子们上学也要绕道3公里。蒙内铁路项目的建设者看在眼里、记在心上，走访居民，听取解决建议，用不到 1 个月的时间就设计出了人车分离的天桥施工方案。蒙内铁路项目第四经理部常务副经理肖翔表示，这座天桥的修建"是值得的，主要是为了孩子"。

在蒙内铁路项目建设者的心中，项目建设是大事，肯尼亚老百姓的出行方便、生活方便更是大事。蒙内铁路项目社会责任报告显示，蒙内铁路在项目建设期间对社区支持的投入达 27.6 亿肯尼亚先令（约 2760 万美元），共援建 3 所学校，组织参与打井取水、捐资助学、修建地区道路等社区公益活动 260 余次，超过 1.3 万肯尼亚人受益。

蒙内铁路在重视项目建设和运营质量的基础上，更重视两国人民的互联互通。项目建设者通过调查研究、走访民众、换位思考，深入肯尼亚当地，了解当地民众的所想、所需、所盼，理解差异、尊重不同，使中肯两国不仅在经济上、技术上相通，更让两国人民实现了心灵相通。

图为一列旅客列车停靠在蒙内铁路蒙巴萨西站

▍图为蒙内铁路中方技术人员在指导肯方员工操作机器

目前，蒙内铁路每天运行两对往返蒙巴萨与内罗毕的客车，每趟列车定员1370人，截至2017年10月中旬，蒙内铁路已安全、准点开行客运列车275列，运送旅客逾38万人次，平均上座率超过92%；货运列车开行55列，运送国际标准集装箱4604个，共抢运救灾粮12.67万吨。

在中国路桥工作的约瑟夫·吉托表示，基础设施建设是经济发展的钥匙，蒙内铁路建设改变了一个国家的经济发展，也改变了当地人民的生活，从这个角度来说，"一带一路"倡议对世界可持续发展有非常重要的意义。

非盟委员会前主席祖马曾表示，非洲有一个"世纪梦想"，就是将非洲所有国家的首都用高速铁路连接起来。未来，蒙内铁路将连接肯尼亚、坦桑尼亚、乌干达、卢旺达、布隆迪和南苏丹等东非6国，建成一条全长2700公里的东非铁路大动脉，深入广阔的非洲大陆经济腹地，造福更多非洲人民。

项目点评

蒙内铁路将推进肯尼亚经济年增长率由 5.8% 提升至 8%，并创造数万个就业岗位，帮助肯尼亚实现经济转型。

—— 肯尼亚总统 肯雅塔

由于蒙巴萨与内罗毕之间的现有路况差，导致运输费用畸高，占到商品销售价格的 30%，大幅增加了进口物资的成本，降低了出口的竞争力并导致工业品的产量减少，严重制约了肯尼亚经济的发展。新铁路的建设在短期内将降低进出口商品 40% 的运输费用，促进进出口增长。

—— 肯尼亚交通与基础设施部部长 詹姆斯·马查里亚

过去，铁路货运量仅占从蒙巴萨港进入肯尼亚内地货运总量的不到 5%。落后的基础设施损害了肯尼亚和其他东非国家的进出口能力，蒙内铁路的开通承载着肯尼亚和周边国家提高其产品出口的希望。蒙内铁路项目为"一带一路"倡议在非洲落地提供了着力点，将造福肯尼亚和东非各国人民。

—— 肯尼亚内罗毕大学国际经济学讲师 盖里雄·伊基亚拉

以前当地大部分马赛人都没有工作，只能以放牧为生，只有很少一部分人去蒙巴萨工作。中国路桥的到来给当地带来了就业，让我们在家门口就可以工作，而且可以学到技能。我们亲眼目睹了中国人的勤奋和无私，他们毫无保留地将技能传授给我们，帮助我们，使我们看到了不一样的世界，我们喜欢和中国人一起工作，感谢你们！

—— 设备管理员、马赛酋长 吉布

我们为中国路桥提供集装箱运输物资、散装材料、重型设备等的运输服务，不仅收获了利润和品牌知名度，还提升了我们的内部管理、服务水平和工作效率。这是肯尼亚乃至东非区域的重大基础设施建设项目，将对蒙巴萨港货运发展、肯尼亚旅游业及境内出行起到巨大推动作用。

——运输企业 Freight Forwarders 商务和市场总监
沙拉特·萨奇德瓦

比起坐十几个小时的汽车，全程不到 5 个小时的蒙内铁路列车真是太舒服了。比起价格高昂的飞机航班，票价不到一半的蒙内铁路更加安全，价格也要实惠许多。

——乘客 理查德

图为中老铁路建设工地

11 中老铁路：
让绵延的铁轨承载更多梦想

　　"我还从来没坐过火车。坐火车肯定能看到平时看不到的风景，我特别想早日体验一下。"在一家中资企业工作的老挝人塞乔说。在这个东南亚地区唯一的内陆国家，火车对不少人来说还是一个陌生的事物，像塞乔一样期盼能坐着火车去看风景的老挝人非常多。

　　老中友谊协会秘书长西昆·本伟莱说："我2010年坐过北京到天津的高铁，感觉速度特别快。火车上的服务也非常好，食物也比较齐全。在火车上可以边看风景边聊天，风景特别漂亮。老挝自然环境和资源丰富，铁路建成后乘坐体验一定会很好，对旅游业也会有巨大推动作用。"

老挝地域狭长，从北到南有 1000 多公里。由于交通尚不发达，乘安全快速的火车长途出行成为很多老挝人的梦想。"要想富，先修路"，老挝人民渴望着拥有一条属于自己的、能够满足长途出行需要的铁路。

老挝北面与中国云南接壤，东面与越南为邻，南面与柬埔寨相连，西面与泰国比邻，西北面和缅甸交界，中老铁路沿线钾盐矿、铁矿等资源丰富。老挝古都圣城琅勃拉邦、素有"小桂林"之称的万荣、拥有众多名胜古迹的万象市等均是旅游观光的好去处。

由于交通设施落后，中老铁路沿线的工矿企业得不到发展，丰富的旅游资源得不到开发，基础产业由于缺乏大运力、低成本的交通而不能合理布局，旅游和土地资源优势不能有效地转化为经济优势。城市间缺乏快捷高效的交通方式，不仅阻碍了城市之间的联系，也严重制约了城市自身的发展，制约了整个国家的城市化进程，中老铁路就在这样的背景下应运而生。

2010 年 4 月 7 日，中老两国政府签订修建中老铁路合作备忘录。2016 年 12 月 25 日，中老铁路全线开工，总工期 60 个月，总概算 374 亿元人民币。中老铁路北起中老边境口岸磨丁，向北连接中国境内玉磨铁路，向南经老挝朗南塔、乌多姆赛、琅勃拉邦、万象省到万象市。线路全长 414 公里，其中 62.7% 以上路段为桥梁和隧道，设计速度 160 公里 / 小时，新建车站 32 个，初期开通 20 个。

中老铁路项目采用建设、运营和移交（BOT）模式，特许经营期 50+25 年。这条铁路是第一个以中方为主投资建设、共同运营并与中国铁路网直接联通的境外铁路项目，全线采用中国技术标准、使用中国设备。项目由磨万铁路有限公司、老挝国家铁路公司、中国投资公司、云南省投资集团公司按照 4 : 3 : 2 : 1 比例出资组建的中老铁路有限公司进行建设。

截至 2017 年 8 月，项目进入全面施工阶段，安全质量可控，各项工作有序推进。项目累计完成投资 17 亿元人民币，占总投资的 5%。全线累计完成永久征地正线长度 258.8 公里，占设计的 63.2%，完成临时用地 8264.6 亩，占计划的 52.2%。临建工程已基本完成；隧道工程已开工 48 座 96 个工作面，占比

63%的桥梁工程已开工10座；路基工程已开工17段，累计完成软基处理14.8万米，占比6%，完成土石方119万立方米，占比4%。

中老铁路是中老两国政府间合作的互联互通项目，中老双方在项目建设中通力合作。"大家的事情大家商量着办"。中老互相尊重，集思广益，兼顾各方利益，体现各方智慧，努力把事情做好。

为加强中老铁路项目与老挝中央及地方政府的协调工作，老挝政府设立了中老铁路项目指导委员会、中老铁路项目管理组、各省协调小组、各省征拆小组等多级协调机构。中老铁路公司设置了建设协调部，在指挥部配备了协调员，与老挝政府协调部门通力合作，解决中老铁路公司、各参建单位与老挝政府、沿线百姓的沟通协调问题。项目全线开工以来，各级协调机构相互配合，为项目顺利实施提供了有力的支持。

"孤举者难起，众行者易趋。"中老双方心往一处想，劲往一处使，各施所长、各尽所能，共同推进铁路建设。

24岁老挝小伙子汶米是中老铁路建设队伍中的一员，"我在琅勃拉邦城里长大，坐车去那里特别麻烦，因为山路多，路况不好，土还大。"他说，"我从小就听说过火车这种交通工具，但从来没见过。所以我一直想亲眼看看火车、坐坐火车，这次没想到，能够亲自参与中老铁路的建设。"

活跃在中老铁路建设工地上，还有许许多多像汶米一样的当地员工，他们与中国工人共同工作、共同生活。2017年10月24日，中老铁路老挝工人技术培训中心在琅勃拉邦省成立，中国为老挝工人带来了过硬的技术，相信在不久的将来，越来越多的老挝员工也将投身于铁路建设，为自己的国家奉献智慧与汗水。

"一花独放不是春，百花齐放春满园。""一带一路"的成果将更多更公平地惠及中老人民，真正实现互利共赢。

在建设过程中，各参建单位严格遵照"建好中老铁路，造福中老人民"的要求执行。铁路建设为老挝提供了上万个工作岗位，有效提高了当地居民收入。

同时，随着中老铁路国际影响力的不断扩大，将吸引更多外资的涌入，进一步改善当地民生水平。此外，项目团队在修建施工便道、桥梁以及电力设施方面尽量考虑建成永久性设施，以方便当地百姓生活，得到了老挝政府及人民的认可。

中老铁路不仅是老挝的主干线路，还是中国打造中国－东盟铁路网的重要组成部分。"一带一路"建设有利于推动中国－东盟互联互通，将为中国与东盟带来经济社会发展机遇。老挝公共工程与运输部副部长拉塔纳玛尼·宽尼翁说，"往来更加便利，节约时间和经济成本，各国人民都将从'一带一路'建设中得到实际利益。"

"一带一路"建设是开放包容的发展平台，各国都是平等的参与者、贡献者、受益者。如今，中老铁路建设正在如火如荼的进行中，中老铁路承载着老挝从"陆锁国"到"陆联国"的转变之梦，也承载着中国实现民族复兴的伟大梦想。铁路计划竣工日期是2021年12月2日，恰逢老挝国庆日。中老双方将一道努力，为老挝国庆佳节、为中老人民献上这一份承载着两国人民梦想的特殊礼物。

图为中老铁路纳文村隧道外景

项目点评

中老铁路是中老两国的战略合作项目，是中老两国合作共赢、共同发展的纽带。中老铁路的建成将成为整个老挝经济快速发展的强劲动力，也将给中老两国人民带来更多的实惠。希望双方在相互学习、相互借鉴中共同进步和发展，将中老铁路建成一条绿色环保、优质高效、具有划时代意义的铁路，造福中老两国人民。

——老挝政府总理 通伦

中老铁路项目是两国全面战略合作中具有历史意义的里程碑。该项目对落实老党十大会议决议、发展老挝社会经济具有重要意义。同时也将扩大和提升两国在经贸、投资、旅游等领域的合作，进一步增强两国在中国-东盟自贸区框架下的经贸往来。中老项目完工后，将给老挝人民带来巨大的利益，将使老挝交通运输、日常往来更加方便、快捷、安全，并降低运输成本，有力推进老挝农业、工业、贸易、投资、旅游业等各领域的高速发展，从而改善民生，提高国家发展水平。

——老挝公共工程与运输部部长 本占·辛塔冯

老挝支持中国所提出的"一带一路"倡议，并高度信任在"一带一路"框架下展开的合作，这将会极大推动老挝基础设施发展，并为老挝带来新一轮的经济驱动力。中老铁路的开通将把老挝这个被陆地包围的国家转变为一个由铁路连接的国家，这条铁路的运行将会降低道路交通运输的成本、加强两国间人员往来、强化两国贸易和经济协作。

——老挝工商会副主席 塔农欣·康郎那

铁路建成后，将会有力改善老挝物价偏高的现状，特别是对于改善北部偏远地区人民生活水平，具有实实在在的推动作用。

——老挝国立大学经济与工商管理学院院长 桑奇

12 中国年轻人设计了土耳其的"京沪高铁"

2009 年，刚领完结婚证还没有办婚礼，中国铁建第五勘察设计院（简称中铁五院）的杨俊明就接到一个"国家任务"，去土耳其建高铁。要去建的是土耳其首都安卡拉至经济中心伊斯坦布尔的高速铁路（简称安伊高铁），全长 533 公里。"这就是土耳其的京沪高铁。"杨俊明说。

2005 年，由中国铁建股份有限公司牵头，联合中国机械进出口公司以及土耳其两家公司共同组成的合包集团，成功中标安伊高铁二期主要路段。中标路段全长 158 公里，合同金额 12.7 亿美元，设计时速 250 公里，工程的设计和施工全部采用欧洲技术标准。

中国企业承建的二期工程已于 2014 年 7 月 25 日通车，随着二期通车，安伊高铁全线贯通。安伊高铁让安卡拉与伊斯坦布尔之间的普通铁路运行时间从 10 小时缩短至现在的 3.5 小时。这个项目是中国企业在境外组织承揽实施的第一个电气化高速铁路项目，对推动中国高铁走出去具有重要战略意义。

首次与国际同行同台竞技，设计并承建最复杂的路段

安伊高铁的工程共分为三期，一期由西班牙和德国公司联合承包，已于 2009 年通车；二期由中国公司承建，三期由意大利公司承建，已于 2014 年同期竣工。由中方公司承建的二期路段全长虽然只有 158 公里，但其中的桥涵、隧道占到了线路总长的 42%，其中最长的隧道达 6.1 公里，最长的桥梁达 1.96 公里，是整个安伊高铁建设工程中最为复杂的一段。

2009 年，由中铁五院与中国铁建电气化局集团有限公司组成的联合体，承建二期全线电气化工程勘察设计和施工任务。这是中国企业首次在高铁发源地欧洲与国际同行同台竞技，而且承接了最复杂的路段，中铁五院派出了精兵强将，带头负责人李会杰是电化通号设计专家，杨俊明是接触网专家，还有其他 6 位同事，这支 8 人队伍平均年龄只有 30 岁。

安伊高铁二期项目是中国企业在欧洲拿下的第一个高铁订单，也是中国与土耳其建交 40 年来最大的工程合作项目。从设计启动到交付文件，土耳其的业主方国家铁路总局给的时间仅有 3 个月，这支年轻的队伍深感责任与压力。

初步设计阶段，团队面临无类似经验可借鉴、缺少熟悉及应用国际标准的人才、缺少土语和英语翻译等诸多困难。2011 年，驻土耳其安伊高速铁路项目电气化设计团队开始现场进行项目施工图设计工作。到了项目施工现场，这个年轻团队的困难才真正开始。158 公里的高铁线路，竟有 90 多公里经过了反复的修改设计。一方面是由于高铁对于土耳其是新事物，当地铁路局做的前期地质勘测不够扎实精确，导致项目不得不边勘测、边设计、边施工。另一方面是与中国市场相比，欧洲市场更重视过程管控，特别讲究"慢工出细活"。为能

迅速完成方案，大家在办公室度过了元旦、春节，多达 500 余页的土、英文对照文件如期交到了业主方手里。随后，项目团队又 7 次飞赴土耳其与业主方沟通，设计方案终于被业主方认可。

如今，李会杰自豪地说，"安伊高铁二期 2014 年 7 月 25 日通车，我们拿到了进入欧洲高铁建设市场的通行证！"

《奥斯曼时代以来土耳其 - 中国关系》一书的作者巴勒什·阿德贝尔利表示，中国对发展中国家采取基于伙伴关系的平等政策，支持技术转让，提供专业技术，使用合格的材料和工艺，而且价格合理，这是土耳其在基础设施建设领域选择中国的原因。

▍图为夕阳下的安伊高铁二期电气化设备

原理相同但习惯不同，有些中国标准比欧洲标准还高

为更好完成设计工作，做到与现场实际吻合、业主方审核满意，8 位年轻人一次次前往现场实地踏勘，一次次与业主以及西班牙监理公司的专业工程师进行长时间的沟通与讨论。

"欧洲标准注重过程控制，中国标准注重的是结果，欧洲要求每一步都要有过程控制的记录，有负责人签字，并有监理监督。"杨俊明说。然而，无论是中国标准还是欧洲标准，不存在本质上的差异，工程建设的基本原理都是一样的，区别主要在于习惯不同。

与中国项目团队对接的业主方代表是土耳其铁路总局电气化处的马丁，他一开始对设计图纸"充满质疑"，因为一期的电气化是德国公司做的，他总是拿德国的设计与中国项目团队的方案对比，若有跟德国不一样的地方，他就刨根问底，需要非常耐心的解释。

一开始，每一个设计方案都需要有七八名土方官员或专家传阅审核并分别签字，这样方案通过的时间比较长，会耽误施工进程。因此中国项目团队建议马丁设立一个会签研讨会机制，像"论文答辩"一样，让审核官们现场提问、项目团队释疑，经认可后当场签字。

后来，马丁说出了"质问"中国项目团队的"真相"：土耳其之前没有高铁，这些官员和专家想通过安伊高铁学习设计的原理，以培养自己的人才。原来如此！于是，项目团队邀请马丁和其他审核官到中国考察，请他们乘坐京沪高铁并现场"授课"。土耳其官员和专家们赞叹地说，安伊高铁原来是"复制了中国的京沪高铁"。

据中国驻土耳其使馆经商处介绍，安伊高铁正式通车后，估计每日往返客流量将由目前的 4000 人次增加至 25000 人次以上。对当地老百姓来讲，高铁更舒适更快捷。

土耳其铁路总局局长苏莱曼说，安伊高铁是土中双方共同努力建成的，是两国合作重要的结晶。"近年来，土中双方建立了深厚的友谊，安伊高铁正式

开通见证了中方的实力。我希望土耳其与中国在铁路建设领域展开更广阔的合作。"

通过安伊高铁二期项目，李会杰和中铁五院的年轻人切实感受到了中国高铁真正开始被国外所认识、赞赏和接受。中国企业不仅能够建设好中国国内的高铁，也完全有能力按照欧洲技术标准，参与国际高铁市场的竞争。

安伊高铁二期项目展现了"中国高铁"实力，擦亮了"中国高铁"名片。

项目点评

安伊高铁二期工程顺利完工增强了信心。中国正在大力推进丝绸之路建设，并与土耳其发展关系，土耳其则需要更多投资和商业机会，以便成为交通和能源的"走廊"。中国参与土耳其高铁和铁路网项目将会促进这种关系。

—— 安卡拉危机和政策研究中心亚太研究顾问
厄兹莱姆·泽林·凯万

土耳其的高铁项目不应被简单看作基础设施项目。自土耳其共和国成立以来，西化和工业化一直是其发展的主要方向。在这个意义上，与中国开展高铁项目合作具有除贸易或经济利益之外的高度战略意义。

—— 《奥斯曼时代以来土耳其－中国关系》作者
巴勒什·阿德贝尔利

安伊高铁非常重要，因为它连接着土耳其首都、最大城市及商业中心。未来通过建设新线路比如把土耳其最西端和最东端连接在一起的埃迪尔内－卡尔斯高铁，将有助于构建一个有效的运输网，这不仅会缩短旅行时间，而且将有力推动土耳其经济增长。

—— 伊斯坦布尔萨班哲大学亚洲问题专家 阿尔泰·阿特勒

图为乌兹别克斯坦安帕铁路隧道贯通仪式

13 呼应乌方迫切需求
"中亚第一长隧"提前贯通

　　"要致富，先修路。"这句话对乌兹别克斯坦具有特别深刻的含义。这个远离海港的中亚国家高度重视铁路运输的发展，致力于建立统一的国家铁路网，努力成为国际中转联运中的领头羊。

　　"安格连－帕普"电气化铁路（简称安帕铁路）的贯通，连接了费尔干纳盆地和乌兹别克斯坦其他地区，保证了从塔什干到纳曼干、费尔干纳盆地和安集延州，以及从费尔干纳盆地到乌兹别克斯坦其他地区的客货运输。作为中国企业在乌兹别克斯坦承建的最大工程，卡姆奇克隧道是安帕铁路建设的重点和难点工程，也是"一带一路"框架下中亚地区实现基础设施互联互通的示范性项目。

卡姆奇克隧道项目从筹备到动工、验收都受到了两国领导人的高度关注，赢得当地政府的认可和支持。从项目主管部门到项目实施的合作部门，都对该项目给予了较高评价。

2016 年 6 月 22 日，中国国家主席习近平和乌兹别克斯坦前总统卡里莫夫在塔什干共同出席隧道通车视频连线活动。习近平主席指出，中乌双方团结一心，精诚合作，攻坚克难，顺利建成这条中亚第一铁路隧道。这是中乌共建"一带一路"的重大成果，也是中乌两国人民友谊与合作的新纽带。道路联通是"一带一路"建设的重要方面，也是中乌合作的重点。中方愿同乌方加强合作，不断提高地区基础设施互联互通水平，为推动两国发展创造更好的条件，更好造福两国人民。

卡里莫夫表示，卡姆奇克隧道通车是乌兹别克斯坦国民经济和社会发展的一件大事。这一项目极大造福了乌兹别克斯坦人民，感谢中国为乌兹别克斯坦人民实现夙愿给予的支持和帮助。

近几年，我国在基础设施建设领域取得的成就在国际上有目共睹。更重要的是，乌兹别克斯坦对建设电气化铁路线和国内统一铁路网的需求十分迫切。呼应乌方发展上的迫切需求，卡姆奇克隧道项目通过前期充分的市场调研，以过硬的技术实力、双方的通力合作，确保提前建成了"中亚第一长隧"，实现了中国企业的优势与"一带一路"沿线国家的现实需求精准对接。

卡姆奇克隧道段是安帕铁路的咽喉要道，由主隧道和安全隧道组成，设计总长度 19.2 公里，同时设三座施工斜井。项目为 EPC 设计采购施工总承包工程，2013 年 7 月，中铁隧道集团与项目建设方签订项目设计施工总承包合同。合同工期 36 个月（2013 年 7 月 29 日 - 2016 年 7 月 28 日），总价为 4.55 亿美元，其中 1.05 亿美元由业主自筹，3.5 亿美元来源于中国进出口银行的优惠贷款。整个项目上共有 1800 名员工，其中中方 1000 人、乌方 800 人。

中铁隧道集团副总工程师兼卡姆奇克隧道项目经理周校光介绍说，项目开工以来，中乌双方精诚团结、顽强拼搏，以智慧和辛劳克服持续强烈的岩爆、超长破碎的断层、高地应力和高地温等不良地质因素，妥善解决了高强度、大规模的材料、物资及设备保障问题。以平均 53 米 / 天的速度，仅用 900 天的时间完成了包括主洞、安全洞、斜井和横通道总长 47.3 公里的隧道开挖，比计划提前了近 100 天，创造了隧道建设安全、优质、快速的海外施工纪录。

中铁隧道集团以安全快速的施工能力、过硬的技术实力、强烈的社会责任，赢得了乌兹别克斯坦上下的高度认可。卡里莫夫相继在 2016 年新年致辞和 1 月中旬的内阁经济会议上，两次谈到隧道的进展情况和重要意义，他特别指出，"该项目不仅具有战略和经济意义，还体现我们在通信和交通领域取得的进步。"时任乌兹别克斯坦总理米尔济约耶夫也曾先后 3 次亲临工地视察。

乌兹别克斯坦国家铁路公司主席拉马托夫说，安帕铁路将促使乌成为连接中国、中亚和欧洲的坚固桥梁。安帕铁路不仅具有重要的战略经济意义，还将是乌铁路基础设施发展的重大成果。乌方已从中国购买了 49 个火车头，包括能较强适应复杂山地条件的货运火车头。据乌兹别克斯坦国家铁路公司预测，卡姆奇克隧道通车投入使用的第一年，将运送旅客 60 万人次、货物约 460 万吨。

图为 2016 年 2 月 27 日，一列专列驶向乌兹别克斯坦安格连－帕普铁路卡姆奇克隧道进口

项目意义

1. 卡姆奇克隧道作为中乌共建丝绸之路经济带的早期成果，将两国交通基础设施领域合作向前推进了一大步，对乌境内铁路交通线路独立成网运行具有里程碑式的意义，是基础设施互联互通的代表性项目。

2. 对"一带一路"中亚货物贸易意义重大。卡姆奇克隧道首次实现了费尔干纳盆地各州市与境内其他州市铁路运输直通，无须绕经第三国——塔吉克斯坦，将促进中亚地区对内对外货物贸易的发展。

3. 树立了中国企业的高品质形象，促进了中乌两国的民心相通。该项目的建设团队中既有中方人员，也有乌方人员，大家在共同奋斗中结下了深厚的友谊。项目承建企业在施工期间还在当地捐助了学校，获得了当地民众的认可和支持。正如中国驻乌大使孙立杰所言："通过这个项目，我们的技术带出来、设备带出来了，在乌兹别克斯坦乃至中亚树立了中国企业良好形象。"

卡姆奇克隧道是中乌非资源领域最大合作项目，有力地促进了中国劳务、装备、技术走出去。中国进出口银行中亚工作组组长杨川进认为，这一项目向世界展示了中国隧道施工的高水准，有利于中国企业在国际竞争中获得更多同类项目订单。

中国驻乌大使孙立杰表示，卡姆奇克隧道实现贯通，在中乌共建丝绸之路经济带的进程中立下了重要里程碑。作为中乌非资源领域的最大合作项目，该项目将中方工程和机械方面的优势与乌经济社会发展的需要紧密结合在一起，证明了中乌互利合作的巨大潜力。下一步，双方可在建材、铁路、电力、化工、轻纺、通信、太阳能等方面继续努力，开辟更加广阔的合作空间。

费尔干纳盆地曾是古丝绸之路上大宛国的所在地，《史记》记载，张骞曾出使大宛国。而今天，位于费尔干纳盆地的全新的电气化铁路成了沟通丝绸之路经济带的新桥梁。

中国与中亚是山水相连的友好邻邦，都处在关键发展阶段，有着经济长期稳定增长，实现国家繁荣富强和民族振兴的共同愿望。"中亚第一长遂"正是中国与中亚国家全面加强务实合作，将政治关系优势、地缘毗邻优势、经济互补优势转化为互利合作优势、持续增长优势，打造利益共同体的生动见证。

项目点评

乌兹别克斯坦自独立起便非常重视发展和加强同中国的合作，卡姆奇克隧道是丝绸之路重要国际运输走廊的组成部分，施工难度可排进世界前八，长度排在世界第 13 位，深度则是独联体内绝无仅有的。我们的中国伙伴克服了施工过程中出现的重重困难，专业、及时地完成全隧贯通。

——乌兹别克斯坦国家铁路公司主席 拉马托夫

随着隧道的贯通，安帕铁路将很快迎来全线运转，这不仅有助于乌提高铁路货运出口和经济增长，同时也有利于提高中亚甚至世界经济增长。该铁路的建成，将对中国以及中亚地区货物过境出口到世界各地具有重要意义。我们期待更多领域与中国伙伴进行合作，共同促进两国各领域合作，为中乌务实战略伙伴关系添砖加瓦。

——乌兹别克斯坦国家铁路公司项目经理 纳乌茹兹

14 喀喇昆仑公路二期项目：贯通中巴经济走廊 激活沿线地区经济

"中国兄弟的悉心指导，使我熟练掌握了多项技能，让我今后也能有立身之本。"阿卜杜勒·加富尔说。

阿伯塔巴德是巴基斯坦北部一座宁静的山城，群山环抱，翠柏掩映。连接中巴两国的唯一陆路通道——喀喇昆仑公路由此经过。喀喇昆仑公路北起中国新疆喀什、南至巴基斯坦塔科特，是巴北部地区最重要的对外通道，是中巴友谊的地标性工程，建于上世纪六七十年代，全长 1224 公里。上世纪修建时，中巴两国建设者携手奋战十余年，让天堑变通途。

29 岁的阿卜杜勒·加富尔是阿伯塔巴德当地一名年轻人，作为 3 个孩子的父亲，他感慨自己是喀喇昆仑公路升级改造项目的直接受益者。加富尔曾在迪拜打工，每两年才能回家一次，在得知家乡附近公路升级改造项目开工后，他加入了筑路队伍。"通过参与其中，我能获得一份月薪3万卢比（约合300美元）的稳定收入，与在迪拜时的收入水平相当，还能兼顾家庭。"

中巴经济走廊是"一带一路"旗舰项目，打通陆路通道则是中巴经济走廊建设的重要一步。按照中巴经济走廊的总体思路，将在巴基斯坦境内修建一条北起中巴边界红其拉甫口岸、南至瓜达尔港的公路。上世纪修建的喀喇昆仑公路（巴基斯坦路段）成为这条公路北部的重要组成部分。

2014年2月19日，在中国国家主席习近平和巴基斯坦总统侯赛因的共同见证下，中国路桥工程有限责任公司（简称中国路桥）与巴方签订了雷科特至

项目概况

喀喇昆仑公路二期项目位于巴基斯坦北部开伯尔普什图省，全长118公里，其中高速公路39公里，剩余路段为二级路，合同金额约合13.15亿美元，由中国路桥采用EPC总承包模式承建，100%的资金来源于中国进出口银行贷款。

2016年4月28日，巴基斯坦喀喇昆仑公路二期项目开工典礼在开普省项目现场举行。截至2017年9月，喀喇昆仑公路二期项目已进场机械设备2920台（套），现场有中方人员1711人，当地雇员4483人。

喀喇昆仑公路二期项目和已完工的喀喇昆仑公路一期项目构成中巴经济走廊的北段，同时是亚洲公路4号线——乌鲁木齐至卡拉奇公路建设的重要组成部分，是中巴经济走廊陆路通道的核心路段，是巴基斯坦国家南北干线公路网的主骨架。项目建成后，一条长近120公里、双向四车道（部分两车道）的高速公路及二级公路，将令喀喇昆仑公路进一步向巴基斯坦腹地延伸。

伊斯兰堡公路项目的合作备忘录。由于总长487公里的雷科特至伊斯兰堡项目工程量大、总造价高，中巴双方本着先易后难的原则经协商确定将该项目分为三个阶段实施，第一阶段为赫韦利扬至塔科特段（即喀喇昆仑公路二期），第二阶段为赫韦利扬至伊斯兰堡段（规划中），第三阶段为塔科特至雷科特段（规划中）。其中，喀喇昆仑公路二期项目是贯通巴基斯坦南北公路网的重要组成部分，已被列为中巴经济走廊早期收获项目。

喀喇昆仑公路二期项目总体进展顺利，累计为当地创造4000多个工作岗位，培养并输出了一批技术能手、机械设备操作工以及多名高级复合型当地工程师，充分带动了项目沿线经济发展。项目还在当地累计采购主要建筑材料超过1.5亿美元，有效地拉动了巴基斯坦基建行业快速增长。

项目建设显著改善了当地交通状况，推动巴基斯坦公路网和交通基础设施建设，有效推进巴基斯坦城镇化发展进程，加快项目沿线资源开发利用，同时对改善巴基斯坦投资环境，加强与邻国的贸易往来有着重要推动作用。

司机哈吉·卡扎姆家住巴基斯坦北部的吉尔吉特，63岁的他过去20多年间一直驾车行驶在喀喇昆仑公路上，在北部地区和伊斯兰堡之间运送服饰、大米和生活用品，亲眼见证了公路为沿线带来的巨大发展。卡扎姆说："喀喇昆仑公路改建项目，为我们节约了行车时间和运输成本，现在我可以把新鲜的蔬果很快运到北部，这在以前是难以想象的。"

项目建设带动了当地第三产业的发展。公路两旁不远的地方，能看到如雨后春笋般涌现的商铺和旅馆，方便往来司机和旅客。喀喇昆仑山脚下的苏斯特干港是卡扎姆往来运输的一个常去地点，一辆辆货车通过喀喇昆仑公路，将巴方特产源源不断运到此地卸下，然后满载中国的产品驶向巴基斯坦各地。在卡扎姆看来，交通条件的改善，使巴北部特产更为便利地销往各地，增加了当地民众的收入。

巴基斯坦公路局喀喇昆仑公路项目经理尼萨尔可罕说："从地质条件和气象条件来说，修建这条路难度非常高。它不仅是一个道路工程项目，还是连接中巴这两个友好国家的纽带。在修建喀喇昆仑公路二期项目时，克服了很多自然条件的限制和技术困难，我们还面临恐怖主义袭击的威胁，但是中巴双方的施工人员不为所惧，一心向前。"

　　践行企业社会责任，对于喀喇昆仑公路二期项目而言也是应有之意。历年来，项目方长期坚持捐资助学、赠送教学设施、帮助贫困学生，坚持帮助项目沿线村庄兴修水利、维修电站，累计捐赠物资及现金超过 100 万美元。项目方还将继续开展新的公益捐赠活动；修缮翻新项目部主营地附近一所孤儿院，并配备生活必需品，改善当地孤儿的生活环境；实施"研究生奖学金项目"，资助约 30 名巴基斯坦工程师赴中国攻读研究生学位，并为其提供工作及实习岗位。

　　在吉尔吉特城的入口，耸立着一座喀喇昆仑公路改扩建项目纪念碑，上面用中文、英文和乌尔都语简要介绍了公路的情况，称赞"该项目象征着中巴两国之间全天候的友谊和兄弟之情"。

　　可以说，喀喇昆仑公路二期项目从启动之日起就承载着这样的历史使命：既是打通中巴经济走廊陆路通道的一条"天路"，更是中巴两国共建"一带一路"的一条闪光丝带。

图为行驶在喀喇昆仑公路上的运输卡车

项目点评

　　喀喇昆仑公路二期项目的建设将把旁遮普省布尔罕到开普省辛基亚里两地间车程从目前的 5 个小时压缩至 90 分钟，并将该地区与远至卡拉奇的巴基斯坦南部海岸连接起来，结束当地经济闭塞的状态，为当地带来和平、发展和繁荣。作为中巴经济走廊的大动脉，这条"中巴友谊路"将继续作为中巴全天候战略合作伙伴关系的一个缩影，在新的历史时期绽放出新的光彩。

—— 巴基斯坦前总理 谢里夫

　　中巴经济走廊已经创造了至少 30 万个就业岗位，而这只是开始。除了共享经济发展成果，中巴两国在人员交流、文化交流、知识交流方面也进一步深入。

—— 巴基斯坦计划和发展部长 阿赫桑·伊克巴尔

　　基础设施项目建设对整个巴基斯坦经济发展至关重要。中巴经济走廊是"一带一路"旗舰项目，感谢中国提出的"一带一路"倡议，为推动巴中与区域各国实现联动发展及合作共赢创造了重要机遇。

—— 巴基斯坦首家中巴经济走廊官方智库高级研究员
穆扎米勒·齐亚

　　当我来到项目的时候，我只知道这是个连接赫韦利扬至塔科特的公路项目而已。随着时间推移，我认识到，这个项目对于本地群众来说将是"改变命运的"。这个项目以及整个中巴经济走廊将为当地百姓创造许多商机和就业机会。随着喀喇昆仑公路二期项目的实施，将带动当地工业发展，连接从中国西部到巴基斯坦瓜达尔港的交通，对两国发展都有利。

—— 巴基斯坦喀喇昆仑公路二期项目安全协调员 艾迪沙木·汗

▎图为建设中的乌兰巴托新机场高速公路

15 乌兰巴托新机场高速公路：
在"发展之路"上奏响丝路乐章

　　经历了漫长的寒冬，6月的蒙古国草原上处处生机勃勃。在首都乌兰巴托的东南郊外，与2017年的新草一起跃出地面的还有一片崭新的工程营房，营房旁边就是蒙古国第一条高速公路——乌兰巴托新机场高速公路的施工现场，中蒙两国的建设者们正在这里忙的热火朝天。

　　2016年6月18日上午10时，随着现场人员架梁指挥号令，衬垫、落勾、试吊、起吊、推进、左右偏移，在一串协调而又连贯的运作之后，一片长16米、重26吨的预制板梁平稳、准确地落在支座上，标志着由中铁四局一公司承建的乌兰巴托新机场高速公路K13+100中桥施工顺利实现工期节点目标，进入了架梁作业的新阶段。

乌兰巴托新机场高速公路项目是蒙古国完全采用"中国标准"设计建造的该国第一条高速公路，也是"一带一路"建设中蒙合作重点项目，由中方提供修建方案并帮助融资，被称为"中蒙友谊之路"。这条高速公路全长 32 公里，路基设计宽度 32.5 米，双向六车道，设计行车速度 80 公里 / 小时，合同总造价约 1.4 亿美元，合同工期 34 个月。

截至 2017 年 7 月底，项目已完成金额 5670 万美元，占总合同造价的40.5%，实现既有工期节点和安全生产，工程质量合格率 100%。

"中国标准"落地蒙古国

中方企业在与蒙方接触初期，蒙方希望这条高速公路采用欧美标准来修建，因为在他们眼中欧美标准意味着"高标准"。

乌兰巴托新机场高速公路项目设计总监程振峰说，中国有很多与乌兰巴托气候及地质情况相似的地区，中国的设计规范是在对此类地区进行详细调研后，基于丰富的施工经验形成的，中国标准更适用于乌兰巴托周边地区高速公路建设。

他举例说，一开始蒙方希望道路中央分隔带使用厚实的混凝土防撞护栏，而中方设计人员提出使用波形通透式护栏，这样更适合当地气候条件，可以更好地应对当地特有的"风吹雪"现象，从而减少冬季雪灾对道路的影响，蒙方最终采纳了中方的方案。

"三流企业做产品，二流企业做品牌，一流企业做标准。"中国在国际标准制定方面的影响力和话语权日益增强，如今"中国标准"日益成为"世界标准"。打动国际市场和海外客商的，不再仅仅是产品价格和工作速度，还有精益求精的质量和令人惊艳的创新技术。

"中国标准"在工程建设、装备制造、高速铁路等特色优势领域取得了良好效果。乌兰巴托新机场高速公路建设是"中国标准"在海外落地的又一次尝试。

传播文化，增进友谊

"求同存异，各美其美。"在加紧推进工程建设的过程中，中蒙建设队伍里经常进行文化交流，先后举办了蒙古历史文化、中蒙传统友谊等培训课程，还邀请了中国驻蒙古国大使馆代表来项目部进行中蒙国情专题讲座。一年来，中国工人对蒙古历史、文化、礼仪有了一定的了解，中华民族传统文化和文明礼节也同样融入中蒙参建员工的日常工作和生活中，双方监理和分包商工作更加密切，合作更加顺心。

李捷是中铁四局的一名员工，2016年，随着中铁四局承建的乌兰巴托新机场高速公路项目开工，她主动请缨，来到项目上负责翻译工作。李捷的另一个身份是"文化交流使者"，为当好这个使者，她下了不少功夫。有一次，李捷受项目党工委的委托，参加蒙古国教育部组织的一次文化交流活动。蒙古国中央省高级中学的窗户连玻璃都没安，只用塑料草草糊着。"蒙古国冬天多冷啊，呼呼的风，窗户关不严，烧多暖的暖气都没用。"李捷交流结束回到项目部后，请示项目领导能不能为当地学校办点好事。于是，项目部组织捐款，并从国内买了一批玻璃，没几天就把学校窗户的玻璃装上了。校长爱尔卡·巴格希非常感动，专门送来了一封感谢信，还向项目部赠送了蒙古国终身荣誉校长奖章和中央省省长签名的中蒙友谊奖牌。

"国之交在于民相亲。"要想搞好项目合作，必须得到人民的支持，必须加强人民友好往来，增进相互了解和传统友谊，为开展区域合作奠定坚实民意基础和社会基础。

对接"发展之路"，奏响丝路乐章

国家之间交通系统的通畅是双边经贸往来的必要条件和基础。完备的跨境基础设施将为跨境合作提供便利。

中国提出"一带一路"倡议之后，蒙古国2014年提出了对接政策——"发展之路"。总投资约500亿美元的"发展之路"倡议由5个项目组成，包括连接中俄的997公里高速公路、1100公里电气化铁路、扩展跨蒙古国铁路以及天然气和石油管道等。

"发展之路"倡议明确提出的首要计划即是交通基础设施建设。蒙古国自然生态资源丰富，地大物博，拥有大量的太阳能、风能、动植物以及矿产等资源。然而落后的交通基础设施使得这些自然资源不能有效地转化为经济效益。乌兰巴托新机场高速公路的建设对于完善蒙古国公路网络，促进蒙古国整体经济发展，推动中蒙基础设施建设领域深度合作，有着重要意义。

2014年，中国国家主席习近平在出席中俄蒙三国元首会晤时，提出将丝绸之路经济带同俄罗斯跨欧亚大铁路、蒙古国发展之路倡议进行对接，打造中蒙

图为乌兰巴托新机场高速公路项目工程营房

俄经济走廊。蒙古国科学院国际问题研究所研究员舒日呼说，中蒙俄经济走廊建设带动下的互联互通将成为大势所趋。2013 年，二连浩特至蒙古国首都乌兰巴托总长 660 公里的公路全线贯通，中蒙货物运输效率大幅提高，双方贸易对铁路运输的依赖性减弱。随着乌兰巴托新机场公路的开工和二连浩特国际机场建设的快速推进，打造中蒙俄空中"丝绸之路"的构想也正在逐步走向现实。

路建的越来越长，中蒙人民的心也越走越近。推进国际大通道建设需要更多国家参与进来，乌兰巴托新机场公路项目的建设，是"一带一路"和"发展之路"实现对接，是中蒙共商共建共享的过程，奏响了草原丝绸之路激越昂扬的新乐章。

项目点评

乌兰巴托新机场高速公路不仅是蒙古国第一条高速公路，建成后也将成为蒙古国客运量最大的一条公路，这开启了蒙古国交通发展新的篇章。

—— 蒙古国前总理 赛汗比勒格

蒙古国地处中俄两个大国、大市场中间，地缘位置十分重要，过境运输优势明显。"一带一路"和"发展之路"对接、中蒙俄经济走廊建设，对蒙古国的发展至关重要。

—— 蒙古国国务部长 恩赫赛汗曾

乌兰巴托新机场高速公路项目部向蒙古国展示了中国力量和中国速度，希望项目部能够加强与中央省的合作，共同推进这项国家工程能够尽早完工，造福蒙古国。

—— 蒙古国中央省省长 巴特吉日格勒

图为希腊比雷埃夫斯港全景

16 "比雷埃夫斯港从未如此荣耀"

　　"我找啊找啊，世界上没有任何一个港口像比雷埃夫斯这样让我心醉神迷……"对于出生在当地一个水手世家的萨兰托斯·齐拉科斯来说，比雷埃夫斯港（简称比港）就像这首希腊家喻户晓的民谣《比雷埃夫斯的孩子》里唱的那样迷人。

　　31岁的齐拉科斯是中国远洋海运集团（简称中远海运）比港项目的一名电工。2011年，希腊深陷债务危机、失业率大幅上升，这家中资企业就像债务危机风暴中的诺亚方舟，为他提供了一份稳定的工作。

　　2008年，中远海运和希腊方面签署为期35年的特许经营权协议，并据此于 2010 年正式经营比港二、三号集装箱码头。2016 年 4 月 8 日，中远海运以 3.685 亿欧元收购比港港务局 67% 的股权。当年 8 月 10 日，中远海运比港开始接管港务局的经营。

比港项目是希腊去国有化过程中的标志性项目。中运海运初来之际，正是比港最困难的时候。在经济危机的重创之下，比港亏损 1300 万欧元，客户几乎流失殆尽；原有设备缺乏保养，作为码头的关键设备，12 台桥吊中只有 4 台能勉强工作；大门被工会围堵，工人不能正常上班；船舶压港严重，港区门口卡车堵塞长达 5 公里，绝大部分船东弃港而去……

中远海运把优秀的管理和技术人员从国内调来，经过两周连续工作，码头基本恢复正常运营，还想方设法扩大业务量，改进服务意识，提高装卸速度。通过努力，半年后二号码头扭亏为盈， 10 个月后就完全补回了损失。通过引进先进管理技术和经验，大幅增加了集装箱业务，提升了竞争力。

在中远海运的精耕细作下，比港重新找回了昔日的荣光。比港集装箱操作量从 2010 年的 88 万标准箱增加到了 2016 年的 374 万标准箱，全球排名从第 93 位提高到了第 38 位。

稳健的发展给当地带来了稳定的就业，这也是希腊最为看重的。为了增加本地就业率，中远海运把中方人员的数量保持在极低的水平，不但没有无故解雇工人，反而为当地至少增加了 1500 个工作岗位。

中远海运用切切实实的行动，以中方管理方式的务实高效和中国文化中的和为贵精神打消了当地员工的顾虑，赢得了支持。

在比港的工作让齐拉科斯越来越热爱自己的家乡。"这里的工作条件比我以前供职的希腊公司要好，所有员工都可以吃到免费午餐。我在这儿更像是大家庭的一员。"齐拉科斯说，管理层乐于倾听员工的意见，这让公司运转更有效率。他说："每个人都是团队的一员，在这里没有中国人和希腊人之分，我们作为一个团队工作，并且互相学习。"最重要的是，稳定的工作给齐拉科斯的家庭带来了保障。

　　债务危机中，希腊的公司和商铺遭受重创，一家接一家关闭，但比港附近的生意却还越来越红火，有的开起了分店。齐拉科斯说，这给了希腊人摆脱债务危机、重振经济的信心。中远海运成了希腊人求职的香饽饽。不少年轻人投来简历，其中包括齐拉科斯的一些朋友。

　　合作共赢，是中远海运始终践行的理念。面对比港管理局等竞争对手，中远海运将部分业务分享给竞争对手，使他们的生产也能够维持稳定增长。在选择供应商时，中远海运秉承"在同等条件下，以希腊和中国企业为优先考虑对象"的原则。通过公平竞争，选择了希腊的港口建设公司来承担二号码头的改造工程和三号码头的全部工程，造价超过 1.5 亿欧元。

　　对此，比港部分码头和仓库所在地的派拉马市长扬尼斯·拉贡达基斯有着亲身体会。过去，涉及中远海运比港项目的问题，拉贡达基斯一律说"不"，

▌图为中远海运的货船正驶出比港集装箱码头

因此落了个"不先生"的外号。"我不愿意看到比港码头横在我和大海之间。"这位从小看"海景"长大的市长曾不止一次这样表述自己的郁闷。然而，比港一步一个脚印的进步，使他的态度发生了变化。

派拉马市居民主要以修船为生，拉贡达基斯的祖父就是其中之一。近年来的经济危机导致航运业遭受重创，但中远的项目给当地修船业带来了转机。

中远海运计划投资 3000 万欧元对修造船区域进行翻修重建，升级替换所有基础设施和机电网络。中远海运还将帮助希方船厂联系中国企业，把需要修理的船只介绍到派拉马的修船厂。这些举措提高了当地的就业水平，促进了经济发展。双方在交流过程中逐步成为合作伙伴，拉贡达基斯的态度从对立转向支持。他说，他和中远海运在很多层面上都有建设性合作，中远海运也一直在根据协议履行承诺。

在中希两国的共同努力下，比港已经成为希腊经济发展的一大亮点。希腊经济和工业研究基金会等机构的研究报告显示，预计比港每年将为希腊经济带来 51 亿欧元的收入，到 2052 年前将累计增加 12.5 万个就业机会。

"事实证明，我们不仅能把当地码头经营好，而且还能围绕码头把更多业务吸引过来，给希腊经济和就业带来更多机会。"中远海运公司比港总裁傅承求表示。

2017 年 5 月 13 日，中国国家主席习近平在北京会见希腊总理齐普拉斯时指出，希腊建设重要国际物流中转枢纽战略同"一带一路"倡议相互契合。中希双方应该着力将比港打造成地中海地区重要的集装箱中转港、海陆联运桥头堡、国际物流分拨中心，为中欧陆海快线以及"一带一路"建设发挥重要支点作用，带动两国基础设施建设、能源、电信、海洋等领域合作不断走深走实，让两国人民更多获益。

比雷埃夫斯，希腊语意为"扼守通道之地"，其得天独厚的地理位置由此可见。作为世界上历史最悠久的港口之一，比港在古希腊时期即发挥过重要作用。进入 21 世纪，本着合作共赢的原则，中国将海上丝绸之路向西不断扩展和延伸；

而经过中远海运在希腊的深耕经营，比港正在成为"一带一路"上的重要枢纽港，焕发出勃勃生机。

"比雷埃夫斯港从未如此荣耀。"齐拉科斯动情地说，又不由得哼唱起那首著名的歌谣："我是多么希望能够有一个、两个、三个、四个孩子呢，当他们长大后，会成为给比雷埃夫斯带来欢乐的优秀小伙子……"

随着"一带一路"建设蓬勃发展，在比港的带动之下，将会诞生更多"比雷埃夫斯的孩子"，为全球经济发展带来更多活力。

项目点评

比港是从中国和亚洲进入欧洲的重要枢纽，中远海运在比港的投资是双方和谐相处、互利共赢的一个典范。

——希腊总统 帕夫洛普洛斯

两国在比港项目上的合作将把比港打造成中国商品出口欧洲、北非及地中海国家的中转基地，非常有利于该港和本地区经济的发展。

——希腊前总理 帕潘德里欧

比港项目将为比雷埃夫斯的发展开辟新纪元。通过与中远海运的合作，比港能够成为欧洲最大的港口之一。

——希腊共和国资产发展基金主席 比齐奥拉斯

▌图为瓜达尔港码头

⑰ 港口和自由区建设
让古老的瓜达尔焕发生机

硕大的龙虾、肥美的鲳鱼、石斑鱼……来自巴基斯坦瓜达尔港的 16 个品种的海鲜产品历时 34 个小时"游历",于 2017 年 5 月 22 日首次抵达中国"油城"——克拉玛依。这是瓜达尔港海鲜的第一次"出国远行",也是克拉玛依市民与海洋的一次"亲密接触"。

瓜达尔港的海鲜运到了克拉玛依,是"一带一路"倡议不断推进、沿线贸易日益密切的缩影。凭借新疆与巴基斯坦接壤的地理优势,克拉玛依市还与巴基斯坦瓜达尔市缔结成为友好城市。

瓜达尔港,位于巴基斯坦俾路支省南端,濒临阿拉伯海,距离全球石油供应的主要通道霍尔木兹海峡只有 400 公里，是难得的深水良港，堪称印度洋咽喉要地。

尽管拥有独特的地理位置、优良的港口条件，瓜达尔港的开发却在相当长的时间里踟蹰不前：年久失修的码头设备早已无法正常使用，储油罐锈迹斑斑，四下人烟稀少，全无码头的热闹嘈杂，只有强劲的海风在四五十摄氏度的高温下吹起阵阵黄沙。

此外，这里气候干旱，多为荒漠、戈壁，不适宜农作物种植，当地人主要靠渔业、劳务输出及政府救济维持生计，基础设施落后，只有不到 1/4 的人受过教育，其中许多人仅仅会简单识字或写出自己的名字。

2013 年 5 月，中国海外港口控股有限公司（简称中国港控）正式接管瓜达尔港及自由区的开发权和经营权后，这个古老的小渔村焕发了新的生机。

2014 年 2 月，中国国家主席习近平同来访的巴基斯坦总统马姆努思·侯赛因达成共识，瓜达尔港被列为促进中巴"一带一路"合作的旗舰项目。3 个月后，习近平主席会见侯赛因总统时再次强调，中巴经济走廊建设是"一带一路"合作的重要组成部分，瓜达尔港是应该重点落实好的项目之一。两国高层的亲自推动，让瓜达尔港建设迎来了前所未有的机遇期。

港口正式通航，自由区开发有序推进

在 3 年多的修复过程中，中国港控共计投入近 3000 万美元让瓜达尔港全面恢复码头作业能力，3 个多用途泊位可同时停靠两艘 5 万吨级货轮。2016 年 11 月 13 日，瓜达尔港正式通航，首批集装箱自港口运出。巴基斯坦前总理谢里夫在开航仪式上说："今天是新时代黎明的开启。"

据了解，中国港控正在加紧规划码头建设二期工程。到 2022 年，港口吞吐量将达到 1200 万吨，集装箱 100 万标准箱，成为南亚地区最重要的航运中心。作为瓜达尔港和自由区的配套设施，瓜达尔国际机场、东湾快速路、燃煤电厂、海水淡化等多个项目也正在规划之中。

与瓜达尔港一并移交给中国港控的还有总面积达 923 公顷的自由区土地。2016 年，由中国港控下属的瓜达尔港自由区有限公司负责开发、运营和招商的瓜达尔港自由区项目正式启动。按照设计思路，瓜达尔港将按照深圳模式进行建设，形成"港口＋园区＋城区"三位一体的开发态势。建成后，自由区将利用俾路支省丰富的渔业和矿产资源，发展渔业、石材加工业以及金属制造业。

"计划三年开发完成的巴基斯坦瓜达尔港自由区，起步区将于 2018 年初完成基础设施建设。"瓜达尔港自由区有限公司副总经理胡耀宗说。目前自由区一期招商工作已基本完成，所有地块已全部出租并收到开发保证金，60% 为中国投资者，40% 为巴基斯坦投资商，投资额超过 30 亿元人民币，可直接提供 2000 个工作岗位，企业年产值超过 10 亿元。

2016 年，巴基斯坦政府颁布的年度财政法案正式落实了瓜达尔港自由区 23 年免税的优惠政策，如此长时间的免税期对外资企业来说无疑是巨大的吸引力。瓜达尔港务局长穆尼尔·贾恩说，除了中国和巴基斯坦的投资者，还有很多其他国家的投资者到港务局了解入驻自由区的情况。

"我们预计自由区可能会再次扩大，已经向上级部门要求划拨更大的区域给自由区。"贾恩说。随着自由区进一步开发以及各类企业逐步入驻，仅仅依靠当地的劳动力远远不够，周边村镇的劳动力也逐渐被吸纳到瓜达尔港自由区和入驻企业中。为了满足建设用人需求，中国在瓜达尔援建了一所职业培训学校，对当地劳动力进行短期专业培训，让他们能凭借一技之长尽快找到合适的工作机会。

创造就业机会，助推社会经济发展

瓜达尔港自由区的建设宗旨即努力成为与当地居民共创共享的利益共同体。交通、教育、医疗……中方不断参与到当地社会公共基础设施建设中，让当地民众能更多受益。

与项目建设同时开展的还有一系列深得人心的民生类援助、援建工程。中国港控在接手瓜达尔港口运营的第一年，就向瓜达尔小学捐献了三辆崭新的校车，解决了当地小学生长途奔波求学的困难；设立中国港控奖学金，资助品学兼优、家庭困难的学生完成学业。2016 年 9 月 1 日，由中国和平发展基金会捐建的法曲尔小学正式交付使用，持续向法曲尔小学学生捐赠大量图书、文具、校服等物资。

2017 年 3 月 26 日，一艘集装箱货轮停靠在瓜达尔港，运来了"中巴博爱医疗急救中心"建设所需的建材。这个急救中心是中国红十字基金会与"一带一路"同行示范项目下中巴急救走廊的首个单元，具备基础诊疗、应急救护和小型手术等多种功能。9 月 22 日，中国首个援巴医疗队 12 名医务人员到达瓜达尔港，未来两年里他们将为当地民众提供医疗服务，同时对巴基斯坦医务人

图为正在建设中的瓜达尔港自由区

员进行培训。在中方派遣的医疗队支援期满后,急救中心将移交给巴基斯坦红新月会自主运营。

瓜达尔港自由区还引进了与提升当地百姓生活水平密切相关的产业。例如,拥有先进沙地种植技术的河南育林公司,将在几年之内完成瓜达尔港的绿化改造,变沙海为绿洲,将黄沙烈风驯化为温润海风,提高当地的生态宜居水平。再如,引入年产25万吨棕榈油的生产基地,缓解巴基斯坦及中东地区食用油供应紧缺局面。

瓜达尔港的发展肩负着带动当地人民走上脱贫致富道路的重任,自由区建设带动当地社会经济发展的效应正在逐步显现,商贸活动在俾路支省也愈发活跃。这不仅为当地创造了数以千计的就业机会,还将为巴基斯坦贡献大量财政收入。

今天的巴基斯坦人喜欢将瓜达尔港与迪拜做比较,因为都曾是"养在深闺人未识"的渔村,都拥有优越的地理条件,当地人期待瓜达尔港能像深圳、迪拜一样繁华绚丽。

从更大层面看,作为中亚和南亚腹地对接印度洋的窗口,瓜达尔港将使中巴经济走廊具有"陆海一体"的格局,进而带动形成区域互联互通大格局。伊朗总统鲁哈尼2017年3月明确表态支持中巴经济走廊建设,"希望将瓜达尔港与伊朗港口连接起来。"巴基斯坦前总理谢里夫不止一次强调,中巴经济走廊将惠及整个地区,为中国、中亚、南亚、中东30亿人带来福祉。

对于巴基斯坦的老百姓来说,瓜达尔港连接的中巴经济走廊,更是中巴两国人民相亲相交之路。这条路承载着他们的教育梦、医疗梦、就业梦、安居梦、致富梦、和平梦以及国家繁荣富强梦……这条路也必将给古老的瓜达尔带来翻天覆地的变化。

项目点评

瓜达尔港自由区的启动标志着巴基斯坦多年来的梦想正在成为现实。

—— 巴基斯坦前总理 谢里夫

瓜达尔将成为中巴经济走廊的"明珠",巴基斯坦的"迪拜"!

—— 瓜达尔市市长 巴卜·古拉卜

感谢中国兄弟的合作与帮助,我们的国家能够快速发展,人民的生活水平得以提高!俾路支省人民和全巴基斯坦人民都会从与瓜达尔港相关的事业中受益。我们感谢中国人民长期以来对巴基斯坦基础设施的发展作出的贡献。

—— 瓜达尔港务局长 穆尼尔·贾恩

对瓜达尔港海鲜市场的发展前景充满信心。作为第一家在巴基斯坦证监会获得营业执照的中国企业,下一步计划投资 5.1 亿元,在瓜达尔港建设海产品冷冻车间、深加工车间、海水淡化厂、制冰厂、包装厂及海洋科技研发中心等,开展全球海产品进出口贸易。

—— 新疆宇飞国际渔业有限公司董事长 陈宝良

图为科伦坡南港码头

18 "科伦坡是南亚明珠，港口就是光芒"

　　"到中国企业工作是我梦寐以求的机会，到这里来工作，不仅有稳定的收入，而且经过培训，掌握一技之长，以后就更有就业竞争力了。"在科伦坡南港国际集装箱码头（简称南港码头）的招聘现场，26 岁的小伙子尼兰表达了自己希望被录取的强烈愿望。尼兰曾在斯里兰卡国家足球队效力 3 年，后来又到迪拜做过一段时间收银员。科伦坡年轻人的平均月收入大约为 1000 元人民币，而南港码头的技术工人每个月能拿到近 3000 元的薪水，这吸引着不少像尼兰这样的年轻人。

　　在僧伽罗语中，斯里兰卡意为"光明富庶的土地"。斯里兰卡地处印度半岛南端，虽与中国远隔重洋，但海上丝绸之路将两国紧密联系起来。斯里兰卡是古代海上贸易的一个重要港口，海运业在经济发展中的地位举足轻重，但由于内战等原因，港口建设在 30 年里处于停滞。直到 2009 年内战结束，斯里兰卡才重新开始大力发展基础设施建设，期待通过相关工程吸引大量外国投资。

中国招商局集团控股公司（简称招商局集团）和斯里兰卡港务局合作建成的南港码头是中国和斯里兰卡共建 21 世纪海上丝绸之路的标杆项目，同时也是斯里兰卡最大的单一外商投资项目。开港运营以来，不仅彻底结束了科伦坡港不能泊靠大型集装箱班轮的历史，而且业务增长迅猛，集装箱吞吐量从最初的几十万标箱，增长到 2016 年超过 200 万标箱，年均增速保持约 10%，带动整个科伦坡港的吞吐量在不景气的世界航运市场中逆势上扬。

南港码头打破一般港口项目投产六七年才盈利的惯例，投产次年就实现盈利，这在世界港口史上都不多见。2014 年 9 月 17 日，中国国家主席习近平出访斯里兰卡时亲临南港码头视察，高度赞扬"你们做得很好"。

迎难而上，建设最佳码头

回忆起最初的合作，南港码头首席执行官任锐仍有些唏嘘。项目的国际招标始于 2008 年，最初有 20 多家国际港口运营商购买了标书，竞争异常激烈。谁想到随后全球金融危机爆发、斯里兰卡内战激烈，形势急转直下，竞标公司纷纷撤标，招商局集团在当地的合作伙伴也退出了。

是去是留？成为一个艰难的抉择。2009 年 3 月，招商局集团领导带队对斯里兰卡政治、经济和社会状况进行了实地考察，进一步分析论证项目的市场前景、竞争对象、港口建设等，最终决定独自坚守、迎难而上，一举拿下科伦坡港这个国际航运黄金海港 35 年的经营权。

拿下项目后，南港码头就开始按照承接最大型集装箱货船的规模进行建造，而且采用最具挑战性的 ABC 模式，即"国际知名项目咨询管理公司（美国 AECOM）+ 国际先进建筑标准（英国标准）+ 中国建设速度"，从开工到建设完工仅用了 28 个月，相较于英国公司规划的 60 个月的港口建设周期整整提前了 32 个月，这样的"中国速度"在此前斯里兰卡大型工程项目中都没有先例。从建设到运营，充分开展国际合作，遵循国际地位，遵守当地法规。

中国央企的强强联合也是南港码头能够快速高标准完工的重要因素。项目初期主要参与方均为中资企业：总承包商为中国港湾工程有限公司，设备供应商为上海振华重工集团有限公司，IT 系统服务供应商为招商局国际信息技术有限公司。在遵循国际招投标原则的前提下，中国央企优势互补，在斯里兰卡合力打造了"中国制造"的金字招牌。

从 2013 年运营开始，南港码头就努力开拓市场。2015 年重点优化整合了孟加拉湾腹地货源，将原来到新加坡的货物通过支线网络集中于科伦坡后中转，节省了南亚与西方的海运时间及成本，改变了南亚区域的传统海运贸易路径。到 2016 年，南港码头吞吐量突破 200 万标准箱，占科伦坡港总箱量的 35%。

南港码头连续多年荣获业界奖项：2014 年，被权威杂志《集装箱化》评为"年度最佳码头运营商"奖；2015 年，获航运权威英国劳氏日报评选的"年度最佳码头运营商"奖；2016 年，获劳氏日报评选的"中东及南亚地区推荐码头"奖；2017 年，获《亚洲货运资讯》评选的"亚洲 400 万标箱以下最佳码头"奖。

本土化经营，做大合作"蛋糕"

南港码头积极推行企业本土化建设，把增加当地就业、提升员工收入、培训当地人才作为重要目标。截至 2017 年 9 月，南港码头员工总人数为 1342 人，平均年龄 26 岁，其中中方员工 26 人，仅占员工总数的 2%。南港码头主动与大专院校建立合作关系，有针对性地提供技能培训与就业指导，分批安排骨干员工到深圳和香港等地学习。培养了大批熟练工人及相关工程建设管理人员，为斯里兰卡打造国际航运中心储备了人才资源。

南港码头操作部总经理助理尤里·卡南加拉说，他在码头工作近 5 年，4 次被选派到中国接受培训。在华期间，中国朋友倾囊相授了许多操作技术，使

图为黄昏时分的科伦坡港和城市景观

他受用终身。如今他成长为经验丰富、技艺高超的桥吊司机,平均每小时吊装33个集装箱,达到了世界级大港的操作水准。不仅如此,他还目睹了中国经济社会快速发展带来的繁荣,坚信斯中互利合作将为当地民众带来更多切身利益。卡南加拉感慨地说:"南港码头使我的工作和生活充满希望,它的建设和投入运营产生的经济社会效益正惠及千家万户。"

伴随着南港码头的运营,科伦坡正在重新绽放光彩。浩瀚的印度洋上,巨轮来来往往,集装箱拖车奔忙穿梭,岸吊耸立起落,彩色的集装箱层层叠叠……面对忙碌的斯里兰卡科伦坡港口,桥吊司机萨普马杜自豪地说:"科伦坡是南亚明珠,港口就是光芒。"

在创造经济效益和社会效益的同时,招商局集团也积极参与斯里兰卡当地的慈善公益活动,身体力行回馈当地社会,捐助"光明行"活动、赞助斯里兰卡轮椅网球项目、科伦坡儿童医院慈善捐助、斯里兰卡水灾赈灾捐助、每年对儿童医院和乡村学校进行资助……这些民心工程让当地百姓得到了实实在在的好处，也让政界人士更加了解中国、亲近中国。

南港码头作为中国和斯里兰卡共建 21 世纪海上丝绸之路的务实对接标杆项目，提高了斯里兰卡在世界航运业界的地位，也推动了斯里兰卡经济复苏。据测算，该项目在 35 年合同期内将直接产生税收 18 亿美元，在建设和经营期间可创造 7000－8000 个直接就业机会，为当地财政收入和经济发展做出巨大贡献。中国和斯里兰卡两国的交往历史悠久，延续千年的海上丝绸之路是古老文明的凝视，是两国友谊的见证。相知，从不以万里为远。

| 图为集装箱货轮在南港码头进行装卸作业

项目点评

斯里兰卡政府在内战结束前就计划要将斯打造成区域航运中心，科伦坡南港集装箱码头是这一计划的重要部分，它将在斯吸引外来投资、促进经济发展方面起到重要作用，并将造福后代。

——斯里兰卡前总统 拉贾帕克萨

自古以来，斯里兰卡就是中国古代海上丝绸之路上的重要一环，在今天全新的 21 世纪海上丝绸之路计划下，斯里兰卡希望能够通过与中国合作，再次成为海上丝绸之路印度洋海域的核心枢纽。

——斯里兰卡总理 维克勒马辛哈

南港码头是斯里兰卡的模范项目。如果没有中国招商局，科伦坡港难以拥有现在的繁荣，也不会跻身全球性港口。南港码头为斯里兰卡经济迅速融入全球作出了巨大贡献。

——斯里兰卡港务局执行董事 普雷马钱德拉

如果没有南港码头，我可能还要继续背井离乡到海外谋职赚钱，以便使一家 5 口能过上较为宽裕的生活。南港码头使我的工作和生活充满希望，它的建设和投入运营产生的经济社会效益正惠及当地千家万户。

——南港码头操作部总经理助理 尤里·卡南加拉

19 汉班托塔港：
斯里兰卡经济崛起的希望

"汉班托塔的改变，正是从这个港口开始。"汉班托塔港管理有限公司总经理助理苏兰加·佩里斯站在眺望平台上，凝视着不远处正在繁忙作业的港口塔吊。

对于佩里斯来说，港口的建设寄托着他对未来的许多期许。当年，供职于一家私人公司的佩里斯机缘巧合之下加入了汉班托塔港（简称汉港）的建设团队，从此与这个港口结下了不解之缘。"人们刚开始不相信港口的建设能为汉班托塔带来任何改变。在一个相对落后的国家推行发展和改革或许注定要面临许多困难，但我个人和周围许许多多人生活的变化就是最好的答案。"佩里斯说。

图为汉港港口全貌

汉班托塔，位于印度洋岛国斯里兰卡的最南端，港口距离国际海运主航线最近处只有 12 海里，距离科伦坡约 240 公里，地理位置优越，水深条件优良。十年前，这里还是一个只出产鱼和盐的偏僻小渔村。

2006 年，基于斯里兰卡政府发展南部地区的愿景，中国港湾工程有限责任公司（简称中国港湾）与斯里兰卡政府开始筹划汉港的建设。按照项目总体规划，将建设约 30 个泊位，共 8 个 10 万吨级码头，分两期建设，2008 年 1 月正式动工。一期项目 2011 年 12 月完工并已投入运营，二期项目于 2012 年 11 月 15 日开工，预计 2018 年 5 月 15 日完工，目前已进入收尾阶段。

项目一期、二期工程均为中斯两国政府框架下的总承包项目，项目业主为斯里兰卡港务局，EPC 总承包为中国港湾工程有限责任公司，勘察设计单位为中交第四航务工程勘察设计院有限公司，施工参建单位为中交第四航务工程局有限公司。其中一期合同造价 5.08 亿美元，二期合同造价为 8.08 亿美元，资金来源为中国进出口银行贷款。

创新建设模式

在很多专家学者眼中，这个港口也许会改变未来世界航运业的版图。因其地处整个航道的中心位置，且离波斯湾相对较近，油品的获得和储存费用也较低，汉港有望成为来往商船重要的补给站。

对于被寄予厚望的汉港，中国港湾在施工过程中也提出了一系列创造性的建设方案。汉港二期项目总工程师夏林说，考虑到斯里兰卡对大陆架和国土面积的保护规定，汉港一期、二期都是内挖式港口。施工过程中，建设者们利用海边潟湖挖掘出 17 米深的港区，还缩减了航道的长度。夏林介绍说："短距离的航道可以大量减少运维成本，更缩减了与国际航线的距离。"

为了高效且合理地利用资金，中国港湾还利用修建港口时在潟湖中挖出的土方，填埋出一座人工岛。这样一来，斯里兰卡的国土面积不仅没有减少，反而增加了 40 万平方米。未来，这座人工岛将建设酒店等服务设施，给整个港湾带来更大的收益，让两个国家实实在在地"共赢"。

项目实施高峰期间，现场有多达 4000 名工人和机车手，其中大多数都是当地人，中国人只占 20% 左右。属地化战略为当地人提供了大量的就业机会，拉动了当地经济发展。项目部主动对当地工人进行培训，合格后颁发证书和上岗证。这样一来，众多的操作手在离开项目后，能够凭借在汉港项目的各类证书和上岗证，迅速得到入职企业的认可。

在汉港一期投入运营后，已有大批来自韩国、日本的货船入港停靠，并且 70% 以上是中转船只，以运载汽车等滚装货物为主。由于汉港拥有宽裕的港区面积，从 2016 年起，斯里兰卡将原来在科伦坡停靠的滚装货物全部移到了这里。

此外，汉港的后方腹地比较开阔，可以提供更多的货物存储空间。未来，汉港后方将要修建 50 平方公里的临港工业园，彻底改变这里的面貌。

深化管理运营合作

2017 年 7 月，中国招商局港口控股有限公司（简称招商局港口）在经历了漫长的谈判与磋商之后，与斯里兰卡港务局正式签署了汉港特许经营协议。12 月 9 日，斯里兰卡政府正式宣布通过合资方式将汉港的管理运营授权给招商局港口。

根据此前公布的协议内容，中斯双方将成立两家合资公司——汉班托塔国际港口集团有限公司和汉班托塔国际港口服务有限责任公司，负责汉港的商业管理运营和行政管理运营。招商局港口将在这两家公司中分别占股 85% 和 49.3%，斯里兰卡港务局分别占股 15% 和 50.7%。协议有效期为 99 年，10 年后双方将逐步调整股权比例，最终调整为各占 50%。

斯里兰卡港口运输部部长马欣达·萨马拉辛哈在签约仪式上说，这一合作协议的签署"具有历史意义"。他此前曾表示，这份最终协议顾及了各个方面，对斯中来说是双赢的结果。在双方的不断合作和努力下，汉港将被打造成连接东西方的航运和商贸中心。

项目意义

1. 助力汉班托塔成为连接东西方的航运和商贸中心，大幅提升斯里兰卡港口的国际竞争力，随着二期项目的投入使用，以及临港工业园区建设日趋成熟，汉港将成为南亚第一大港，在世界航运业中的地位将进一步提升。

2. 推动当地经济增长，为斯里兰卡战后重建发挥了积极作用。汉港及临港工业园区的开发，将引领斯里兰卡南部地区的整体发展，有利于斯里兰卡实现建设高附加值产品加工中心、国际航运中心和国际商业中心的目标。未来众多项目实施后将会极大地推动汉班托塔港口－工业－城市（PIC）生态圈建设，助力当地经济腾飞。

3. 推动中国与斯里兰卡等南亚国家的经贸合作与互联互通。汉港建成后，将成为印度洋上一个新的重要转运、补给点。目前各方正在跟踪推进在汉港的船坞、燃气电站、工业园等项目，也有助于进一步促进和深化中斯双边投资和产能合作。

▌图为汉港港区

斯里兰卡地处印度洋中枢,几百年来素有"东方十字路口"之称,自古就是海上丝绸之路的交通和贸易枢纽。中国提出"一带一路"倡议后,斯里兰卡政府表达了支持和参与共建 21 世纪海上丝绸之路的积极意愿。在"一带一路"框架下,中资企业在斯里兰卡承建的诸多重大基建项目正有序铺开。从中斯旅游业合作的井喷式发展,到一系列中斯合作重大国计民生项目的建成,中斯友好合作的维度正在不断拓宽。

项目点评

依托汉班托塔港的发展,十年、二十年后,汉班托塔地区将成长为斯里兰卡的"深圳"。

—— 斯里兰卡总理 维克勒马辛哈

汉港项目将改变斯南部地区的发展格局,并创造数以千计的就业岗位。中国对汉港及沿港中斯工业园的投资开发,有助于增强斯南部地区对世界其他各国的投资吸引力,带动国家经济的整体发展。

—— 斯里兰卡前外交部长 萨马拉维拉

从合同签订以来,作为承包商的中国港湾工程有限责任公司在与业主方的合作过程中显示了极大热情,其高度的责任感和合作态度使汉港项目取得了令人惊讶的成就。项目实施过程中,承包商一直严格遵守合同条款所规定的标准、规范及相应领域里的技术要求,建造了一个高质量的港口并投入运营。

—— 斯里兰卡港务局董事 P.A.Agil Hewageegana

目前汉港的表现已经超过了当初设计的运营能力,汉港提高了该地区居民的生活水平,有力地推动了本国经济发展。该港口还增强了斯里兰卡港口在南亚地区的竞争力。

—— 汉班托塔海港管理有限公司总经理助理 皮尔斯

图为昆波特码头

20 昆波特码头：
陆海丝路上的当代驿站

瓷器与丝绸、黄金和琥珀、财富与憧憬……在古代丝绸之路上的土耳其，日夜兼程的声声驼铃仿佛还回响在安纳托利亚高原上的座座驿站间。

如今，中国企业投资的昆波特码头，成为当代驿站，土耳其这个横跨亚欧大陆的国家再度吸引了世界的目光。

争取双方利益最大化

昆波特码头位于马尔马拉海西北海岸的阿姆巴利港区，属伊斯坦布尔的欧洲部分，占据欧亚大陆连接处的重要地理位置，距离黑海航线必经的博斯普鲁斯海峡仅 35 公里，是黑海的门户。中国企业对昆波特码头的收购和经营推动海上运输及相关设施的互联互通,通过大力发展两个区域间的支线网络,带动亚洲、欧洲经济贸易增长。

2015年9月16日,中远海运港口有限公司、中国招商局港口控股有限公司、中投海外直接投资有限责任公司组成的合资公司与土耳其 FIBA 集团签署股权买卖协议,收购昆波特码头 65% 的股权。同年11月在土耳其安塔利亚 G20 峰会期间,中国国家主席习近平和土耳其总统埃尔多安共同见证了昆波特码头项目交割协议的签字仪式。这是中国企业在土耳其成功投资的第一个码头项目。

作为土耳其第三大集装箱码头,昆波特码头岸线长 2180 米,有 6 个泊位,其中 2 个为集装箱专用泊位,4 个为多用途泊位,最大前沿水深 16.5 米,是港区内唯一可同时挂靠两艘超大型集装箱船舶的码头。

关键的地理位置和优越的港口条件使得昆波特码头股权出售的消息一经传出,便受到了国际投资者的追捧,很多有实力的跨国公司竞相参加投标。在这种背景下,卖方提出了诸多苛刻要求,包括要求短时间内完成谈判和交割,不愿在过渡期间受合理的权限约束,设定较多免责条款等。

面对激烈的竞争和种种苛刻条件,中方合资公司凭借中远海运港口作为全球港口投资运营商的丰富经验和专业团队优势,以及中远海运集装箱船队的全球网络支撑,最终赢得了投标。合同中还设置了符合双方最大商业利益的条款。

促进理念与文化的深度融合

收购昆波特码头的主要股权后,中方合资公司凭借自身专业化的码头管理经验和船东背景,不断给予昆波特码头当地管理层专业的工作指导及有力的业务支持。码头操作效率和服务质量不断攀升,在激烈的市场竞争中赢得了客户的信任和肯定。目前,世界三大航运联盟中两个联盟旗下的集装箱船公司成为昆波特码头的客户。2017年1—9月,昆波特码头完成的集装箱吞吐量比上年同期增长 45%。净利润增长 54%,净资产收益率达到 62.3%。

中方合资公司始终坚持本土化的发展战略,除了派驻中方联席财务总监和联席商务总监各一名外，码头原有高层管理团队继续聘任，所有部门经理和员工均在当地招聘。这不但能更直接和深入地了解当地客户的需求，同时也带来了理念和文化的深度融合。中方合资公司根据土耳其商法和昆波特码头公司章程的规定，通过建立董事会对码头当地管理层的分级授权制度，明确董事会和当地管理层之间的职责和权限划分，实现了集中决策与适当分权的合理平衡。

中方注重职业技术培训，为员工提供上升通道。比如，与当地培训机构合作，为员工提供多层面的技术培训；定期组织当地管理团队赴中远海运比雷埃夫斯码头、中远海运香港国际货柜码头及招商局蛇口码头开展业务交流。

中方鼓励昆波特码头企业文化的多样性，让"以人为本"的理念深入人心。派驻码头的中方人员不仅充分尊重当地员工的宗教信仰和文化习惯，而且生活上完全融入当地，工作中严格遵守码头的各项规章制度。28 岁的土耳其小伙阿斯利·切廷在昆波特码头担任行政助理。他说："中国的管理非常务实且有效，中国团队非常追求完美，而且非常真诚。他们常常面带笑容，对下属非常友好。他们希望员工快乐地工作，总是给员工无限支持和鼓励。"

为了增加本地员工的归属感，中方合资公司在 2016 年接管码头伊始，就决定斥资 450 万美元重建办公大楼。"同事们都说，中国企业加入后，昆波特码头的工作条件发生了很大变化，环境变好了，工作效率也提升了。虽然当前土耳其整体就业环境并不太好，但我们昆波特的员工却都很有安全感。中国和土耳其在一起将会取得巨大成功。"切廷发自内心地对这份工作感到自豪。

秉持绿色、开放、共享理念

昆波特码头的运营给当地带来了更多的发展机会，让当地民众切实感受到了"创新、协调、绿色、开放、共享"的中国新发展理念，以及"和平合作、开放包容、互学互鉴、互利共赢"的丝路精神。

首先，创造大量就业机会，增加财政收入。截至 2017 年 9 月底，昆波特码头员工人数达到了 936 名，间接带动当地就业 5000 余人。同时，严格依法纳税，连续三年被伊斯坦布尔商会授予伊斯坦布尔纳税百强单位。

其次，秉持环境友好发展理念，打造绿色港口。2016 年，昆波特码头先后通过了 ISO 14001 环境管理体系和 OHSAS 18001 职业健康安全管理体系的证书更新审核，有效的推进了绿色港口建设。2017 年 6 月 29 日，获得了土耳其交通海事通讯部颁发的"绿色港口"证书。

再次，积极资助公益事业，承担社会责任。昆波特码头热心教育事业，为当地一所高中提供资助，2017 年，无偿捐助学校。特别关注残疾人就业问题，截至 2017 年 9 月共为 18 位残疾人士提供了工作岗位。

土耳其是世界第 13 大经济体，也是人口大国，作为"一带一路"连接欧亚的重要节点，未来港口集装箱物流服务需求增长潜力巨大。

因古代丝绸之路而结缘的中土两国，随着"一带一路"建设又一次密切联系起来。昆波特码头正是丝绸之路上的一颗明珠，让"同发展、共进步"的信念熠熠生辉。

项目点评

昆波特码头将有助于增加土耳其对外贸易，而且通过创造就业和支持建筑、零售和其他服务等从属产业的方式为地方经济发展做出了贡献。中国对昆波特的投资可以视为"一带一路"倡议下在土耳其的第一个具体举措。这一投资使得土耳其成为 21 世纪海上丝绸之路的组成部分。

——萨班哲大学亚洲问题专家 阿尔泰·阿特勒

昆波特为中国通往欧洲提供了一个通道，同时也为通向黑海迈出了一大步。我相信，在中国公司管理下，昆波特将为集装箱船提供最好的物流服务。集装箱船的到来也将加强伊斯坦布尔的战略地位。

——土耳其《国民报》记者 格克汗·卡拉卡

21 "港口建设是吉布提经济发展之肺"

　　年轻的吉布提工人亚哈莱是三个孩子的父亲，吉布提多哈雷多功能港口（简称吉布提港）让他从一个依靠父母接济的"啃老族"，变成了家族的顶梁柱。"一年前我没有工作，只能以帮人挑水为生。感谢中国，在港口工作后，我的收入一下子高了很多，给父母和妻子后还有剩余。"亚哈莱说。

　　同样目睹了巨大变化的，还有能说流利中文的年轻白领娜伊玛。四年前从大连海事大学修完物流管理专业的她，如今在港口自贸区获得了一份令人羡慕的工作，她说："我很庆幸自己当初选择去中国留学。中国在非洲的投资越来越多，非洲未来的机会在中国，希望有越来越多的吉布提学生能去中国学习。"

149

"吉布提"意为"沸腾的锅",现在这口锅掀起了规模空前的建设热浪,不仅让当地面貌日新月异,也大大改变了当地人的生活。这些项目中最受瞩目的,就是吉布提港。

共谋出路,建设现代化港口

吉布提位于亚丁湾西岸,扼守"红海咽喉"曼德海峡,是通往苏伊士运河的必经节点,也是世界海上航线的核心枢纽,常被誉为"三大洲的十字路口"。然而,长期以来,这一优越的区位禀赋无法转化成经济发展的动力。恶劣的自然环境使吉布提工农业经济基础十分薄弱,人均年收入不足 500 美元,排名世界 196 位,是联合国界定的最不发达国家之一。

2014 年 11 月,吉布提政府发布了"2035 年愿景",提出在未来 20 年内将吉布提打造成地区性的航运港口和商业中心,成为东非"新迪拜",完成从最不发达国家到中等收入国家的跨越。

基础设施薄弱是制约吉布提发展的首要原因。法国殖民时期建造的老港口年久失修,早已无法满足现代航运和物流需求。老港口缺乏充足的泊位和现代化的转运、仓储等物流设施,港口的管理、人员素质和相关配套服务设施等也较为落后,对中转货物的吸引力较低。

2013 年 2 月,中国招商局集团有限公司(简称招商局集团)参与吉布提港口公司改制,收购其 23.5% 的股份,成为该港第二大股东。为改变吉布提老港日渐饱和的状况,中吉双方共谋出路,由中国进出口银行提供部分优惠性质贷款,由中建集团、中土集团等承建,仅用两年半时间,建成了现代化的新港,2017 年 5 月 24 日正式开港。

新港口设计年吞吐能力 708 万吨,集装箱 20 万标准箱。新港口水深 15.3 米,可以停靠 10 万吨级船舶,配备上海振华的大型港口设备,极大提升了船舶作业效率和整体运营能力,为打造未来的亚丁湾新转运中心、辐射区域经济发展奠定了基础。以 5 万吨级粮食船舶为例,作业效率可从原来的每天 2800 吨提升至每天 1 万吨，不但降低了在泊作业时间，也减少了船舶在锚地的等泊时间。

招商局集团投资入股后，将中国经验引入港口管理，提高了吉布提老港的运营效率，老港散杂货业务量从 2013 年 413 万吨增长至 2016 年 650 万吨。自 2013 年以来，吉布提港累计缴纳税费 3500 万美元，成为吉布提政府重要的税收来源。

立足发展，共创合作美好未来

2012 年，吉布提总统盖莱参观深圳时表示，今天的吉布提就像当年的蛇口。在港口设施建设的基础上，吉布提效仿深圳的"前港中区后城"模式，选择港口的商贸与物流集聚效应，带动整个吉布提的发展。

2017 年 1 月 16 日，由招商局集团、大连港集团和亿赞普集团等中资企业参与投资运营的吉布提国际自贸区正式开工。吉布提政府划定约 48.2 平方公里的区域，用作开发建设，占该国可利用土地面积的 1/10。自贸区一期面积 6 平方公里，其中首发区为 2.4 平方公里，包括商贸物流园和出口加工区。通过建设商贸物流园区，开展保税仓储物流、区域商品集散中心等业务，将提升港口的通关一体化和贸易便利化，使自贸区成为东部非洲的货物集散地。通过建设出口加工区，将促进吉布提初步实现工业化，并创造大量就业岗位，使自贸区成为吉布提经济的新引擎。

为了解决长期困扰吉布提港口和城市的水源短缺问题，中国企业建成了从埃塞俄比亚克莱恩地区至吉布提的 350 公里供水工程，包括各类管线、泵站、电站和配套控制系统，整个工程穿越数座山脉，赢得了当地民众交口称赞。

着眼于吉布提港的未来发展，招商局集团在深圳成立了中吉培训学校，为吉布提港员工提供为期 6 个月的专业培训。截至目前，共培训港口管理人员 23 人、门机司机 39 人、轨道吊装司机 9 人。经过中国师傅手把手教学，如今吉布提港当地员工已可以独自操作现代化机械设备。

2016 年 10 月 5 日，亚吉铁路建成并举行通车仪式，将亚的斯亚贝巴至吉布提的交通时间由 10 天缩短至 7 小时。中国与埃塞俄比亚还将在铁路沿线合作建设若干工业园区,打造亚吉铁路经济走廊,为吉布提港的未来发展提供了广阔的内陆经济腹地。

伴随着"一带一路"建设的推进,多个中吉合作项目在吉布提结出硕果。正如吉布提港口公司财务总监胡迈德·卡米勒所言:"港口建设是吉布提经济发展之肺,与中国的合作给了我们发展的希望。"

项目点评

多哈雷多功能港口增加了吉布提的港口运输能力,让吉布提真正变成了本地区的重要多式样运输平台,有利于国家潜在价值的实现。多哈雷多功能港口将促进贸易往来,促进国家财富的可持续增长,并且能够增加就业,促进社会发展。我对中国项目充满信心,这种信心源于我对中国政府和公司的信赖。

—— 吉布提总统 盖莱

中国朋友帮助我们建铁路、港口,供水、供油气项目,吉布提愿意搭乘"一带一路"的顺风车,早日实现腾飞。

—— 吉布提执政党总书记、经济与财政部长
伊利亚斯·穆萨·达瓦莱

吉布提是"一带一路"倡议的重要节点。我们希望吸引更多的中国投资,以便为国际贸易、区域经济一体化提供更多的便利,使吉布提能够实现自己的历史抱负。吉布提港未来不仅有望成为东部非洲重要的航运枢纽,还通过更多的互联互通进程,与整个区域的发展形成联动效应。

—— 吉布提驻华大使 米吉勒

22 用友谊"架起"马尔代夫人民 翘首期盼的大桥

马尔代夫首都马累东岸，年轻的马尔代夫教师希法娜多次带着学生们来到中马友谊大桥观景平台。她说："孩子们此前从未亲眼看到过桥的样子，这样难得的机会一定会让孩子们增长很多见识，这些是无法从书本上收获到的体验。"透过望远镜，如火如荼的大桥建设场景扑入眼帘。

这座在建的跨海大桥开创了多个"第一"：是马尔代夫有史以来的第一座大桥，也是印度洋上第一座跨海大桥，更是世界上第一座建在珊瑚礁上的跨海大桥。

印度洋深处的马尔代夫由 26 组自然环礁、1192 个珊瑚岛组成。从空中俯瞰，

项目概况

中马友谊大桥位于马尔代夫北马累环礁，建成后将连接环礁上的马累岛、机场岛（瑚湖尔岛）和胡鲁马累岛3个相邻岛屿。该项目是马尔代夫最重要的岛屿连接线工程，由中马双方共同出资建设，中国商务部、马尔代夫住房和基建部参与项目管理，EPC总承包单位为中交二航局。

项目所处海域深壑达46米，珊瑚礁地质特殊、水文情况复杂，且国际上同种地质条件施工经验较少。考虑到上述不利因素，中国商务部委托国内专业桥梁设计单位，开展了10个专题研究，进行了详尽的海底勘探工作，仅用4个月就完成了工程可行性研究和大桥设计方案。按照设计方案，大桥全长2公里，其中海上桥梁长1.39公里，为连续刚构桥型，造型简洁明快，与当地环境和谐一体。项目按一级公路标准设计，使用寿命100年。

中马友谊大桥的建设在马尔代夫有四"最"：

规模最大。开工时是马尔代夫最大的基础设施项目。

技术最复杂。印度洋海底珊瑚礁地质复杂，施工面临高温、高盐、高湿、高辐射、多疫情等恶劣条件，需要不断探索并攻克多个技术难题。

建设速度最快。仅用9个月就全面打通贯穿海峡的施工通道，5个月完成技术复杂的主桥桩基混凝土施工。

管理模式最新。采用"项目管理＋工程总承包"模式，是中国首个与国际新型管理模式接轨的援助试点项目，与传统"设计－招标－建造"模式相比，能有效控制风险，缩短建设周期，提高管理效率。

图为中马友谊大桥观景平台，用望远镜观桥的孩子

一座座小岛就如同一颗颗美丽的珍珠散落在海面。碧海蓝天、水清沙幼，大自然赋予了马尔代夫绝美景色，是旅游者的"天堂"，但却是大桥建设者的"地狱"。

早在20多年前，马尔代夫政府就提出过建设跨海大桥的构想，希望改变马尔代夫人主要依靠摆渡经过Gaadhoo Koa海峡的状况。但受制于技术和资金，不得不知难而退。2014年9月，中国国家主席习近平访问马尔代夫期间，双方领导人商定由中方援建一座跨海大桥，连接马累与机场岛，马尔代夫总统亚明提议将这座桥命名为"中马友谊大桥"。在双方的共同努力下，大桥于2015年开工建设。在项目启动仪式上，亚明激动地说："得知中方同意承建大桥项目是我最幸福的时刻，这座大桥是马尔代夫人民世代的夙愿。"

承建这座被称为"恶魔工程"的大桥，中国建设者们在很多领域都面临考验。在5月至10月间的雨季，这里的浪涌可高达4米，能将起重能力1380吨的浮吊船从海面抬起1米高再抛下。"浮吊船晃动1米，会造成吊钩在吊桩过程中摆动8到10米。而工程要求实际打桩位置与设计位置误差不超过25厘米。"大桥总工程师程多云说。对于建设者们而言，冒着大雨在海中颠簸沉浮是家常

155

便饭，有时苦等十多个小时，也只为抢占几十分钟的施工时间。除了强烈涌浪和漫长雨季带来的挑战，建设者们还要应对高温、高盐、高湿、高辐射等恶劣条件，也要与登革热等传染疾病做抗争。

"恶魔工程"没有难住中国建设者们。截至 2017 年 10 月 18 日，中马友谊大桥引桥 129 根桩基（包含 6 根景观桩基）全部施工完成，10 个引桥承台完成 5 个，21 个墩身及盖梁完成 13 个，主桥 22#、23# 墩已率先进入挂篮施工，各项工作正稳步推进。2017 年 11 月 10 日，项目重大控制性关键节点 19#、20#、21# 墩的 3 个 V 结构全部完成。整个项目预计 2018 年 8 月 20 日竣工。

项目开工以来，从最初的一份承诺到真正跃出海面、初见雏形，大桥的一

项目意义

1. 首次完成珊瑚礁地质大直径桩基施工工程，填补了世界和中国技术空白。中马友谊大桥是世界上首座在珊瑚礁地质上建造的大型跨海大桥，无任何国际成功经验可循，相关研究及参考资料少之又少。为此，建设团队开展了多次试桩试验和技术研究，不断攻坚克难，完成了大直径钢护筒施沉和主桥桩基施工实践，破解了珊瑚礁上建桥的世界性难题。

2. 打通马尔代夫交通要道，助力当地经济社会发展。长期以来，人口密度大、土地稀缺、交通拥堵等问题严重制约着马累发展。大桥建成后将有效缓解马累岛居住和交通拥挤状况，助力打造大马累首都区，为马尔代夫中心城市功能拓展和经济腾飞奠定重要基础。

3. 推动中国与马尔代夫等南亚国家的互联互通。马尔代夫人的互联互通梦与 21 世纪海上丝绸之路构想不谋而合。大桥的建设对推动中马两国在基础设施领域的合作，促进两国友好关系，共同打造政治互信、经济融合、文化包容的利益共同体、命运共同体和责任共同体具有积极意义。

分一毫变化都备受当地民众瞩目。马尔代夫人最初对这座桥抱有的疑虑逐渐消散，取而代之的是对大桥进展的热情关切和期盼。每天清晨和傍晚，马累岛临桥一面都有数百名群众前来观看工程进展。为了方便民众观桥，当地政府专门修建了一座配有望远镜的"中马友谊大桥观景平台"。

从 2016 年 8 月起，中方施工小组每月组织一次"营地开放日"活动，让马尔代夫人走进大桥施工现场。一年多来，大批当地政府官员、媒体记者和民众通过参观，见证了大桥由梦想变为现实的足迹。

建设中的中马友谊大桥是茫茫大海上筑起的一道钢铁"长城"，又好似在珊瑚礁上摹绘出的一道靓丽彩虹。作为中国援外工程改革的第一个试点项目，这座即将建成的大桥让马尔代夫人民"有桥出行"的梦想变成现实，也是"友谊"的最好见证。

如今，在"一带一路"建设背景下，以中马友谊大桥为代表的中马合作不断碰撞出新的火花，这个群岛国家的发展潜力正在释放。正如观桥人们眼中流露出的无限期许，中马合作的未来也有许多空间值得去想象去实践。

项目点评

这座大桥是马尔代夫整个国家未来发展的基石。把这座桥命名为中国－马尔代夫友谊大桥是马尔代夫最重要和最具有历史意义的里程碑。

—— 马尔代夫总统 亚明

大桥打开了马尔代夫发展的大门。有了大桥人们就可以用陆路方式在两个岛之间往返，这将给人们的工作和生活带来很大的改变。这是一座经济发展的大桥，也是一座社会发展的大桥。

—— 马尔代夫住房和基建部部长 穆罕默德·穆伊祖

图为万吨级中心架梁起重船将首跨钢梁架设到帕德玛大桥桥墩上

23 帕德玛大桥：
一桥飞架南北，天堑变通途

在孟加拉国首都达卡的大街小巷常常看到这样的景象：公交车、三蹦子、摩托车、人力车，各种车辆毫无秩序的争抢，刺耳的喇叭声，浓烈的尾气味道，各种公交路线纵横交错。由于人口规模不断膨胀、基础设施落后，达卡交通变得异常拥堵，严重影响经济发展和居民生活。世界银行发布的报告显示，达卡平均通勤速度从 10 年前的每小时 21 公里降低到每小时 7 公里，仅略快于步行速度。

曾赴孟加拉国从事人权保护工作的迈克尔·霍布斯在美国《新共和》杂志上发表的文章称："不管什么时候，只要我问达卡人民他们亟待解决的问题是什么，或者他们认为国际组织应该真正在哪个方面努力，他们的回答总是交通。"

如今，在距离达卡西南约 40 公里处，被当地居民称为"梦想之桥"的帕德玛大桥正在紧张有序的建设中。大桥横跨帕德玛河，是公铁两用桥，上层是双向四车道公路，下层是单线铁路。帕项目总投资 30 亿美元，全部来自孟加拉国自有资金，是孟加拉国最大的桥梁项目、基建项目，项目周期 4 年，主体工程包括全长 9.8 公里的帕德玛大桥主桥建设工程和全长 13 公里的河道整治工程。主桥建设工程由中国中铁大桥局集团有限公司承建，中标金额为 15.5 亿美元；河道整治工程由中国电力建设集团有限公司承建，中标金额为 11.13 亿美元。2017 年 9 月 30 日，万吨级中心架梁起重船"天一号"成功将重达 3200 吨的首跨钢梁架设到桥墩上，项目已完成总进度的 28%。

作为中国企业在海外承接的最大单体桥梁工程，帕德玛大桥的施工难度非常大。

首先，要克服气候带来的困难。孟加拉国大部分地区属亚热带季风型气候，每逢雨季，河水暴涨并伴有热带风暴，帕德玛河流域水患严重。由于施工场地细粉砂地质的先天不足，导致其抵抗洪水侵蚀能力很弱。在 2014 年和 2015 年洪水期间，马瓦场地共经历了 7 次垮塌。项目部成立护岸工作"青年突击队"，累计完成约 80 万个土工袋的抛填任务，对马瓦场地进行了有效防护，为大桥施工营造了良好环境。

其次，要解决架桥技术问题。为保障桥梁的建造，项目部提出了"现场作业工厂化、高空作业平地化、水上作业陆地化、零散作业整体化"的思路，并先后研发打造了"小天鹅号"、"天一号"、"大桥海鸥号"等架建桥利器，使得桥梁装配式施工得以实现。大桥建设需用混凝土约 40 万立方米，钢结构约 33 万吨，钢筋约 8 万吨，荷载试桩 26 根，工艺试桩 2 根。全桥 200 吨以上吊装约 2400 次，其中 3200 吨起重 41 次。水上施工航道清淤约 1600 多万立方米，各类大型机械设备约 500 台套。

第三，要特别研制核心部件。受地震、大风、洪水等自然因素影响，帕德玛大桥所处环境极为复杂，摩擦摆隔震支座是桥梁安全运营与抵抗地震的核心部件。该部件由中国企业制造，经过多功能试验机测试，检测数据符合国际标准。

作为孟加拉国的一项重要枢纽工程、泛亚铁路的重要组成部分，帕德玛大桥建成后将把孟加拉国南部 21 个区与达卡连接起来，结束两岸居民千百年来依靠舟楫过河的历史；打通南北铁路网，提高运输安全性；加快孟加拉国第二大港口蒙哥拉港与其他地方之间的货物运输，深化孟加拉国与中国、印度、缅甸的经贸往来，给地区经济发展带来活力。据初步估算，大桥建成后将为孟加拉国带来每年 1.5% 的 GDP 增长。

奔腾的帕德玛河被誉为孟加拉国生命之水，长久以来也是横亘在孟加拉国南北经济协调发展道路上的巨大障碍。如今，一群中国建设者来到这里，帮助孟加拉国人民实现"一桥飞架南北，天堑变通途"的梦想，并通过基础设施的互联互通，带动贸易的畅通，经济的发展，文明的交流和繁荣。

项目点评

帕德玛大桥的建成有助于人员往来和经济联系，有助于南亚区域互联，邻国使用孟本地港口进行区域运输将变得更加便利。

—— 孟加拉国总理 哈西娜

中国的建桥技术已达到世界先进水平，把帕德玛大桥交由中方建设十分放心。

—— 孟加拉国交通部部长 奥巴杜尔·卡德尔

帕德玛大桥的隔震支座是全球最大吨位的双曲面摩擦摆隔震支座之一，在世界桥梁摩擦摆隔震支座应用中屈指可数，具有标杆性意义。

—— 帕德玛大桥监理代表 罗伯特·约翰·阿维斯

图为孟加拉国达雷斯瓦里河公路桥

24 中国援孟友谊桥
为孟加拉国发展助力

　　孟加拉国地处南亚次大陆东北部的恒河和布拉马普特拉河冲积而成的三角洲上，全境 85% 的地区为平原，东南部和东北部为丘陵地带，大小河流 310 余条，被誉为众河之国，桥梁成为这个国家出行的重要设施。

　　中国对孟加拉国的桥梁建设援助始于上世纪 80 年代，至今已建成七座大型公路桥，涵盖达卡、迈门辛、拉杰沙希、朗布尔和巴里萨尔五大区，对改善孟加拉国交通状况、促进区域连接和社会经济发展起到了积极作用，得到当地政府和民众的高度赞扬。

　　中国政府援建的第一座大桥布里刚戈桥位于孟加拉国首都达卡，桥长

917.32米，通车以来一直是达卡地区的交通枢纽，也是全国最为繁忙的大桥之一。孟中友谊六桥（达雷斯瓦里桥）获中国建设工程鲁班奖。

友谊桥通车促进当地发展

蒙希甘杰县过去被几大河流包围，由于水运能力差，限制了地方经济发展。蒙希甘杰县县长阿齐兹·阿拉姆说："修建桥梁是当地老百姓长期以来的梦想，现在中国人将这一梦想变成了现实。"

蒙希甘杰县商业与工业委员会委员希拉说，得益于友谊桥，渡河时间从之前的2个小时缩短到现在的10分钟，整个县的经济得到了巨大发展。非常感谢中国的援助，中国是我们亲密的朋友，希望中孟可以开展更多合作。

蒙希甘杰县有约2万人在达卡工作，友谊桥通车后，往返的公共汽车每天有100多趟，他们可以天天回家。在友谊桥畔生活的鲁赫·阿明表示，因为有

| 图为中孟友谊桥主桥中跨合龙前

了友谊桥，无论去达卡还是其他周边地区都变得方便了。"以前，我在晚上想去河对岸要等上好几个小时，对于那些想去达卡大医院看急诊的病人来说简直就是噩梦，一些病人就在看病的路上死去了。友谊桥改变了我们的命运，提高了我们的生活质量。"

交通便利了，不少企业家开始到蒙希甘杰县投资建厂。近年来该县新建了100多家工厂，增加了大量就业机会，提高了当地百姓收入。阿布杜尔·萨拉姆因友谊桥而致富。六桥通车后，他在附近建了一个稻米加工厂，现在每天可加工50吨稻米，销往全国64个县。

蒙希甘杰县是农业县，以种植蔬菜为主，土豆产量约占全国的40%。阿拉姆说："过去运输全都靠水路，费用高而且时间长，致使这里生产的农产品销路不畅。现在有了友谊桥，农产品每天都可以被运到达卡销售，不仅提高了农民的收入，也满足了达卡市民的需求。"

友谊桥还带动了当地文化发展。"过去没有连接我们这里的公路，文化团体都不愿意来。现在公路开通了，孟加拉国艺术院在这里建了分院，他们经常组织一些文化表演活动，丰富了当地老百姓的业余生活。"阿拉姆说。

援建友谊桥仍在继续

中国为孟加拉国援建的七座友谊之桥是孟中友好的象征，体现了中国人民对孟加拉国人民的深厚情谊。中国还将继续加大对孟桥梁建设援助力度，第八座孟中友谊桥梁项目已开始实施，2017年5月中方专家组完成了对孟中友谊八桥的专业考察。八桥全长3.5公里，计划工期39个月，位于孟加拉国南部巴里萨尔和库尔纳之间的唯一公路通道上，建成后将改善孟加拉国南部路网结构，打通巴里萨尔到蒙哥拉海港的陆路交通，对公路沿线及南部经济发展意义重大。

2017年5月，中孟两国政府代表在达卡签署援助协定，中方将为孟方提供无偿援款，用于建设孟中友谊九桥等基础设施项目。中方团队已对援孟桥梁建设进行综合性考察，以制定中长期援孟桥梁建设项目储备计划。重点考察了九桥、十桥、十一桥的选址，并同孟方探讨了实施援孟交通规划项目的可能性。

中方团队赴巴里萨尔和库尔纳两个大区实地考察备选桥址时，受到了当地政府和民众的热情欢迎。民众自发组织夹道欢迎，打出了"中国是孟加拉国最好的朋友"、"感谢中国专家组来访"等标语，表达了他们对桥梁建设的强烈渴望。

多年来，中国在致力于自身发展的同时，始终坚持对包括孟加拉国在内的其他发展中国家提供力所能及的援助，坚持平等互利、共同发展的原则，坚持不附带任何政治条件，帮助受援国提高自主发展能力。援孟系列桥梁项目已成为中国对孟援助的标志性项目。

项目点评

孟方高度赞赏中方在基础设施建设、贸易、投资、农业、能源、电力、信息通信技术等领域提供的合作，这些合作给孟加拉国的经济社会发展带来了正面影响。孟中友谊大桥、邦格班杜国际会议中心等中方援助项目是两国友谊的见证。

——孟加拉国总理 哈西娜

从达卡去往孟加拉国任何一个地方，都必须经过一座孟中友谊桥。中国帮助修建了 7 座大桥，见证着孟中两国源远流长的友谊，希望友谊之桥不断延伸到更多的领域。

——孟加拉国船运部长 沙赫卡汉汗

如果没有达雷斯瓦里桥，我不可能来到这里。有了这座桥，这里的经济发展了，坐车的人多了，我的生意也越来越好。

——蒙希甘杰县三轮车夫 卡利·乌丁

(25) 普平大桥：
在欧洲架起首座"中国桥"

到塞尔维亚首都贝尔格莱德的中国游客，都会乘船游览著名的多瑙河，当途经普平大桥时，导游都会充满感激地说："请看，这是中国人克服重重困难为我们建造的大桥，我们叫它'中国桥'。"

"中国的造桥技术已经完全达到国际先进水平，普平大桥及附属连接线项目，是中国企业在欧洲国家承建的第一个大型基础设施工程，这个项目肩负着'第一张名片'和'标杆项目'的历史使命。"中国路桥公司驻塞尔维亚代表邹泽西说。

两岸市民跨过"中国桥"见证中塞友谊

贝尔格莱德市内有萨瓦河和多瑙河两条河，把市区分为贝尔格莱德、新贝尔格莱德、博尔察区三个区域。当地流传着这么一个故事：有一对恋人分别生活在新贝尔格莱德和博尔察区，以前小伙子约会心上人路上就要花费两个半小时，见一次面很不容易。现在有了普平大桥，两人可以天天相见了。

2007年，普平大桥规划就已完成，但由于当地政府缺乏资金，建桥规划只能纸上谈兵。2010年，中国路桥工程有限责任公司（简称中国路桥）承建普平大桥。2014年12月18日，中国国务院总理李克强和时任塞尔维亚总理的武契奇出席了普平大桥的通车仪式，并对大桥建设给予了高度评价。

普平大桥位于贝尔格莱德市西北部，全长约1.5公里，宽29.1米，高22.8米，分为南引桥、主桥、滩桥及北引桥四个部分，双向六车道，设计速度为80公里/小时。它的建成极大地改善了西部和南部地区重型车辆对现有唯一一座跨多瑙河桥梁的依赖和必须穿越市区的局面。

克服困难树立中国基建企业良好形象

普平大桥是中国企业首次进入欧洲施工的大型交通设施项目。邹泽西说，在建设之初就面临对环境不熟悉、管理难度大、工程质量要求高以及环保标准苛刻等挑战。经过周密的调研，公司明确了属地化建设原则，整合当地资源，融入当地市场，确立了项目运作模式，中国路桥负责项目55%的工程，包括主桥和两座立交桥的施工，其余45%的工程交由当地分包商完成。

由于历史原因，塞尔维亚几乎没有大型基础设施建设项目，大型建筑企业较少，工程技术管理人员和技术工人的实践经验相对不足。为此，中国路桥大力培养当地优秀的工程管理和技术人才，和他们一起摸索适应当地的管理模式。

2012年冬，欧洲遭遇了30年一遇的极寒天气。塞尔维亚全国进入紧急状态，多瑙河上覆盖着厚厚冰层，正在建设中的大桥上最低温度达到零下20多摄氏度。为保工期，中国工程人员依然在冰面上昼夜奋战，在多瑙河将近一个月的冰冻期间，工程没有延误一天。

166

尊重当地规则，做好属地化管理

普平大桥及附属连接线项目的成功实施对中国企业开拓欧洲市场具有重要的示范意义。通过有效管控和精心组织，普平大桥项目成为塞尔维亚近二十年来第一个在预算范围内按时且优质完工的大型项目。塞尔维亚领导人高度关注并多次亲临施工现场，当地媒体也给予了高度评价，塞尔维亚工商会为项目颁发了"企业杰出贡献奖"。

中国路桥建设团队在项目实施过程中收获的最大经验就是，加强风险控制和属地化管理。

首先，中国企业进入欧洲市场，在运营模式和风险管控方面"水土不服"，必须扎实做前期调研，在概念设计、商务合同谈判以及工程实施过程中做到心里有数，以确保工程顺利实施。

其次，遵循欧洲市场规则，充分利用当地资源，以双赢为前提，与当地企

▌图为塞尔维亚普平大桥主桥合龙的场景

业形成合力，推行属地化管理，是普平大桥顺利建成的法宝。在建设过程中，中国路桥充分发挥当地优秀工程师熟悉本国规范、了解当地市场的优势，同时不断学习，不断提高项目管理能力。

2016 年 6 月，中国国家主席习近平对塞尔维亚进行国事访问时，两国领导人将双边关系提升为全面战略伙伴关系，标志着中塞关系进入到全面发展的黄金期。随着"一带一路"倡议的深入推进，像普平大桥这样的成功合作范例还会不断涌现，中塞在基建、农业、能源、金融、旅游和投资等领域的合作值得期待。

项目点评

这座大桥是塞中友谊的象征，也是塞中合作的结晶。这个项目是塞尔维亚近二十年来第一个在预算范围内按时且优质完工的大型建设项目。

—— 塞尔维亚总统 武契奇

这座大桥对塞尔维亚非常重要，显著提升贝尔格莱德和塞尔维亚全国的基础设施水平。

—— 塞尔维亚副总理兼建设、交通、基础设施部长 米哈伊洛维奇

有了这座大桥，贝尔格莱德两岸过去 10 年间从未被开发过的数千公顷土地就有机会重获新生。通过这座桥，我们可以把几十万公顷的工业区连接起来，以吸引新的投资、新的设备，创造更多的就业。

—— 贝尔格莱德市长 马里

26 卡洛特水电站：为"巴铁兄弟"提供量足价廉的清洁电

　　缺电，是多年来困扰巴基斯坦民生和经济的一大难题，即使在首都伊斯兰堡，拉闸限电的情况也经常发生，每天只有 12 个小时可以保证用电。在伊斯兰堡工作的奥迈尔·卡迪尔·拉纳表示，在巴基斯坦的许多城市和偏远山区，一停电就是十几个小时，给人们带来很多麻烦。

　　巴基斯坦境内电力资源丰富，但很多没有得到有效开发。面对电力短缺和电价居高不下的问题，巴基斯坦政府做出不少努力，明确了优先发展清洁能源的战略，水利电力发展局在 2001 年 7 月推出了《关于国家水资源和水电发展的 2025 年展望》。但由于资金等多方面限制，水电发展缓慢。

这一状况有望在"一带一路"倡议下开展的中巴经济走廊建设中得到改善，卡洛特水电站便是代表项目之一。

政府支持

卡洛特水电站项目位于巴基斯坦北部的吉拉姆河流域，距伊斯兰堡55公里，是吉拉姆河规划5级开发方案的第4级，规划装机容量72万千瓦，是巴基斯坦第五大水电站，于2016年12月正式开工，首批机组计划于2020年12月投产发电，平均年发电量将达32.06亿千瓦时，可满足巴基斯坦210万个家庭的用电需求。

卡洛特水电站项目采用BOOT方式（建设－拥有－运营－移交）投资建设，总投资17.4亿美元，由中国长江三峡集团公司（简称三峡集团）投资、长江勘测规划设计研究院设计、中国水利水电第七工程局有限公司承建。三峡集团卡洛特水电站工程承包负责人曾国顺表示，"也许在国内，我们还有各自的企业，

图为卡洛特水电站项目施工场区全貌

但走出国门，我们就是一个整体"，3家中国企业将投资、设计、施工充分融合，开启水电行业"中国标准"走向国际的进程。

卡洛特水电站项目得到了中巴两国领导人的高度重视。2014年11月8日，中巴两国政府签署《中巴经济走廊能源项目合作的协议》，卡洛特水电站被列为中巴经济走廊的优先实施项目。2015年4月，中国国家主席习近平访问巴基斯坦时，与巴方共同将卡洛特水电站项目列入《中巴关于建立全天候战略合作伙伴关系的联合声明》。

有了两国政府的支持，卡洛特水电站的工作人员信心满满。三峡南亚投资公司董事长王绍锋表示，从大坝选址、过程论证、项目审查，到设计优化、预算、评估等方面，三峡集团对卡洛特水电站进行全方位的审核把关，提出长远开发方案，并对方案进行根本性优化，使其更加经济、安全、可靠。

企业攻坚

然而，项目的开工却并不如想象中顺利。卡洛特水电站横跨吉拉姆河，项目范围涵盖巴基斯坦旁遮普省和巴控克什米尔地区，两个地区的法律规定、政策都有所不同，正式开工前需要分别与巴基斯坦联邦政府、巴控克什米尔地区政府签署特许经营协议，与旁遮普省政府和巴控克什米尔地区政府签署用水协议，并与购电方签署购电协议，工作难度可见一斑。为确保项目合规并顺利实施，工作人员做了大量准备和协调工作。

征地移民是卡洛特水电站面临的难题之一。旁遮普省的卡洛特村是卡洛特水电站项目的施工集中区，尽管全村53户村民都渴望用上更方便、更廉价的电，对水电站的建设十分欢迎，但听说要搬离世代居住的村庄后，多数因故土难离而拒绝搬迁，甚至有部分移民将项目公司告上法庭。针对这一情况，卡洛特水电站项目的工作人员按照由点到线再到面的原则，寻求政府部门的支持和帮助，聘请当地征地移民专家，积极宣传项目的移民政策，先说服部分文化程度较高、在当地颇有威望的村民，然后逐步带动其他村民完成搬迁。

与村民搬迁相比，清真寺和陵园的搬迁工作更为棘手。清真寺和已故祖先的坟墓极受民众崇敬和尊重。卡洛特水电站项目移民工作负责人安孝彬表示，移民搬迁涉及到的民族习俗、宗教文化等问题需要谨慎处理。为此，三峡集团遵守传统宗教仪式和礼节，聘请移民专家、社会学家与宗教人士积极与地方沟通，为清真寺和陵园选择新址，顺利完成了清真寺和陵园的搬迁工作。

目前，卡洛特水电站项目已基本完成土地征地与补偿工作，部分安置新房仍在建设中。据统计，项目总征地面积 1103 公顷，迁移人口 1401 人。

截至 2017 年 9 月，卡洛特水电站土建工程施工完成 12.12%，设备采购工作完成 18.14%，导流洞工程完成 42.93%，大坝工程完成 0.77%，溢洪道工程完成 9.5%，厂房工程完成 5.7%，各项工作有序推进。

民众受益

卡洛特水电站建成后，预计每年可生产 32.06 亿度清洁能源，减少二氧化碳排放量 350 万吨，为巴基斯坦优化能源结构、提高清洁能源占比做出积极贡献，在税收、就业等方面也实实在在地惠及巴基斯坦政府和民众。

据测算，在 5 年建设期内，卡洛特水电站项目将向巴基斯坦联邦政府累计缴纳 24 亿卢比的税款。在运行期 30 年内，旁遮普省政府、巴控克什米尔地区政府每年均将获得 6.74 亿卢比收益。30 年运营期结束后，卡洛特电力有限责任公司将以 1 卢比价格把卡洛特水电站整体移交给旁遮普省政府。

目前卡洛特电力有限责任公司的巴方员工占比高达 53%，建设高峰期时将从当地聘任 2000 多名员工，项目运营期间每年将提供 150 – 300 个就业岗位和技能培训机会。

卡洛特水电站项目将新建或改造公路 11 公里，建设跨吉拉姆河钢筋混凝土公路大桥 2 座、跨吉拉姆河悬索步行桥 1 座、永久房屋 13000 平方米，建成医疗机构、清真寺等公共设施约 10 个，在拉动当地就业、改善民生、加强基础设施建设等方面发挥重要作用。

作为中巴经济走廊上首个大型水电投资建设项目，卡洛特水电站将成为中巴两国共享资源、合作共赢的典范。一方面，卡洛特水电站的设计、施工方案全部采用中国技术标准，推动了中国水电标准的国际化；另一方面，卡洛特水电站建成后将为巴基斯坦提供干净、低廉、可持续的能源，缓解伊斯兰堡及周边地区的用电压力，让"巴铁兄弟"用上供应充足、价格低廉的清洁电力。

项目点评

中巴经济走廊是巴基斯坦的一笔财富，也是巴基斯坦发展的真正机遇。走廊建设让巴基斯坦发生了翻天覆地的变化，巴方民众要学习中国经验，不断提高生产率，进一步发挥本国优势，通过辛勤劳动帮助国家实现发展。

—— 巴基斯坦计划发展部长兼内政部长 阿赫桑·伊克巴尔

中国公司通过最简单和最实际的付出已经让越来越多的巴基斯坦人真切体会到了巴中友好的深刻含义。中国企业为改善当地人民的生活水平提供了很多帮助，也为巴基斯坦经济发展提供了重要支持。感谢中国企业的真诚付出！

—— 在卡洛特水电站项目上工作的当地员工 哈桑

近几年停电太频繁了，为了保证正常的工作和生活，我每天都要操作几次发电机。现在我掌握了一项新技能，不但能够操作多种型号的发电机，还能进行简单的日常保养。现在，中巴经济走廊建设如火如荼，我相信电力短缺的问题将很快得到缓解，巴基斯坦将拥有光明的未来。

—— 当地居民 瓦格斯·艾哈迈德

27 亚马尔项目："陆地尽头"建起中俄务实合作的标杆

2017 年 11 月底，中俄务实合作的标杆和能源合作的典范、迄今中方对俄投资的最大项目——亚马尔液化天然气项目（简称亚马尔项目）的第一条生产线各套装置陆续投产，第一滴液化天然气产出。

亚马尔，俄罗斯当地语为"陆地的尽头"，这里正在建起一座大型油气田、一座巨型液化天然气厂。在 4 年的建设期内，极地钻井、永冻土施工、模块化建厂、开辟北极航道……一个个全新大胆的构想在这里变为现实，开辟了俄罗斯、中国和其他国家共同开发极地能源的新途径，成为"冰上丝绸之路"的重要支点。

多年来，中俄两国积极探索互利共赢的契合点，能源合作成为中俄务实合作成果的突出领域之一。

亚马尔项目从实质性谈判到项目交割不过短短 1 年，仅用不到 4 年的时间就建成开工，这得益于两国政府对建立能源合作伙伴关系的高度共识，得益于"一带一路"倡议的提出和实施，更得益于在符合两国国情的基础上遵循了互利共赢原则。

◀ 图为南坦姆贝气田上的极地低温钻机

175

项目概况

　　亚马尔项目位于北纬 71 度的极寒地带，是集天然气和凝析油开采、天然气处理、液化天然气制造和销售、海运为一体的大型上游投资开发项目。2013 年，中国石油天然气集团公司受俄罗斯政府和俄罗斯诺瓦泰克公司邀请进入亚马尔项目，于 2014 年 1 月正式收购交割，项目投资总额为 300 亿美元。诺瓦泰克公司以 50.1% 的股份控股亚马尔液化气公司，中国石油天然气集团公司、丝路基金、法国道达尔分别参股 20%、9.9%、20%。

　　亚马尔项目的南坦姆贝天然气田位于俄罗斯西西伯利亚北部的亚马尔 – 涅涅茨自治区，天然气储量为 1.3 万亿立方米，凝析油储量为 6000 万吨，天然气勘探开发许可有效期至 2045 年。南坦姆贝气田开发高度集成，仅用 4 台钻机，在 19 个平台钻 208 口井，累计已钻井 83 口，累计进尺 30 万米。

　　为了方便运输，天然气需要就地全部液化。亚马尔项目计划建设拥有 3 条 550 万吨 / 年生产线的巨型液化天然气厂，年产天然气 250 亿立方米、凝析油 100 万吨，第一条生产线已于 2017 年 11 月底投产，另两条生产线将分别于 2018、2019 年投产。液化天然气厂完全采用模块建厂模式，全厂由 142 个模块组成，单块模块平均重量达 3000 – 4000 吨，打了近 10 万根十多米深的桩。

　　为了物资运输，亚马尔项目开辟了北极东北航道，订购了 3 艘原子能破冰船、2 艘冰级模块运输船、15 艘冰级液化天然气运输船、11 艘常规运输船、2 艘冰级凝析油运输船。从中国到亚马尔，通过北极东北航道运输仅需 16 天，比传统航道减少近 20 天航程。

　　在配套设施建设方面，截至 2017 年 11 月 26 日，北极萨别塔机场已累计飞行 7523 航次，运送乘客 701914 人，运送货物 9200 吨；北极萨别塔码头完成了液化天然气厂模块和散件运输 50 多万吨、液化天然气厂其他材料运输 250 万 FT（1FT 为 1 运输单位，相当于 1 立方米）、液化天然气厂以外的物资运输 230 万 FT。

突破"极地"难题

在气候和地质条件复杂的北极地区开发油气资源，需要大规模运用科技工程手段解决建设和生产问题。在近 4 年的建造期内，中俄双方通力合作，突破了一系列施工和技术难题，实现了项目高标准、高质量、高效率推进。

考虑到北极地区的气候条件和项目投资效益等问题，亚马尔液化气公司选定了模块化方案：将液化气厂分解成一个个工艺模块在工厂建好，再用船将模块运到亚马尔工地，像拼插乐高玩具一样组装到一起。2017 年 9 月初，随着中国海洋石油工程股份有限公司承建的最后一个模块运抵萨别塔港，亚马尔项目的 142 个模块全部到达现场，开创了中国企业独立完成国际液化天然气核心工艺模块建造的先河。

在极地气候下钻井，需要不少特有关键技术。在南坦姆贝气田上共有钻井 208 口，分布于 19 个井场，但却高度集成，仅用了 4 台钻机。这 4 台极地低温钻机中的一台由中国生产，填补了国内生产低温极地钻机的空白。

生产出来的液化天然气外运面临的首要问题是破冰。在冬季，从俄罗斯销往中国等亚太市场的液化天然气，总航行时间需要 39－44 天。每年 7－11 月，运输船可沿北极东北航道，穿过白令海峡和太平洋西北海域，历时 19－21 天抵达中国。但只有在 9 月份，这条航道上才基本是开阔水域，而且根据俄北极航道管理局的要求，所有通过东北航道的船只都需专门的破冰船开路或护航。

为确保运输安全，亚马尔液化气公司专门设计了 15 艘可破 1.5 米厚浮冰的 ARC7 冰级液化天然气运输船，由俄罗斯现代商船公司建造，2016 年 1 月下水，每条船长度达 299 米、宽 50 米，可一次性运输 17 万立方米液化天然气。俄罗斯国家核动力船舶公司新建了"北极号"破冰船，为亚马尔项目运输船保驾护航。破冰船配有 2 个核动力反应堆，可破除 3 米厚冰层，已于 2016 年 7 月下水。

影响全球能源格局

亚马尔项目的顺利实施标志着亚马尔液化气公司成为制售液化天然气的国际重要经营实体。项目全面投产后，俄罗斯在世界液化天然气市场中的比例将达到10%，并可向亚太地区及欧洲地区供应液化天然气。无论是1650万吨液化天然气、100万吨凝析油的年产规模，还是对全球能源供应格局带来的改变，亚马尔项目都将在世界油气工业发展史上留下浓墨重彩的一笔。

俄罗斯诺瓦泰克公司总裁米赫尔松表示，亚马尔项目是非常宏大的项目，伴随着项目的投产，俄罗斯液化天然气的产量预计将增加2.5倍，这不仅将对世界油气市场带来积极影响，也将带动俄罗斯能源产业和边疆地区发展。

亚马尔项目生产的液化天然气将输送至欧洲和亚洲市场，现有合同期内96%的液化天然气产品已根据长期协议预先销售给了包括中国企业在内的客户，每年将至少有400万吨液化气销往中国市场。

基于亚马尔项目合作的成功，中俄两国企业即将开展亚马尔液化天然气第四条生产线合作、北极2项目合作，两国还将开展的北极战略合作。

图为亚马尔项目的模块运输船

展现"中国制造"实力

在亚马尔项目的模块制造、造船、设备材料、工程建设、保险、监理等领域，均展现了"中国制造"的强大实力：142 个模块中有 120 个由中国 7 家企业承造；30 艘船中有 7 艘由中国制造，中国制造和中国服务总承包额达 78 亿美元；中国船运企业承运 15 艘液化天然气运输船中的 14 艘；45 家中国厂商为项目提供产品达百余种。

为达到液化天然气模块的建设标准和极地货物运输要求，中国海工企业和造船企业付出了巨大努力。为做好一个模块，千余名中国工人夜以继日。在保证建设标准的前提下，中国企业严格控制成本，并在模块建设、监造、试车和运输方面加强标准化管理，实现了与欧美标准对接。在亚马尔项目的工地上，中国企业制造的模块更容易准确对接和安装。广船国际公司在 2016 年 1 月和 4 月分别交付了两艘 ARC7 冰级重载甲板运输船，能在 1.5 米冰厚的海况下保持 2 节航速，主要承担将大型海洋工程模块运到亚马尔项目工地的任务。同年 11 月，广船国际公司开始为亚马尔项目建造一艘 ARC7 冰级凝析油运输船，采用吊舱推进系统，船艏船尾双向破冰，载重量达 4.45 万吨。

通过参与亚马尔项目，中国企业在高端液化气工程模块制造方面实现了突破，在中国青岛已形成了液化气工程模块建设产业带。通过参与亚马尔项目，中国企业也积累了在北极地区开发油气资源的宝贵经验，为后续项目开展和拓展中俄油气合作奠定了基础。

借"一带一路"建设的东风，亚马尔项目的建设不断丰富和拓展着中俄互利共赢合作的内涵和外延，成为中俄全面战略协作伙伴关系的重要支撑。隆冬时节，北极小镇萨别塔依旧一派繁忙，亚马尔项目高耸的火炬宛如一座灯塔，照亮了整个夜空，点亮了中俄合作开发北极油气资源的未来。

项目点评

中俄能源合作处于最好时期，最具代表性的合作项目是亚马尔项目。

—— 俄罗斯能源部长 诺瓦克

4 年前项目启动的时候，萨别塔施工现场完全没有任何基础设施，还是一片荒原。经过合作方的共同努力，项目快速推进，建设高峰时现场有超过 3 万人施工作业，项目进度符合预期。我认为这个项目是"一带一路"倡议一个非常好的实践和佐证，期待在"一带一路"框架下与中国石油开展更加富有成效的合作。

—— 俄罗斯斯诺瓦泰克公司总裁 米赫尔松

中方专家在亚马尔项目中表现出了很高的专业水平，他们对项目涉及的各领域进行了深入研究，在工程建设、物流、航运、市场营销等方面给项目带来很多成功经验。亚马尔项目的顺利推进证明俄中双方合作得很成功，未来合作前景非常好。这一项目正为促进俄中经济、金融合作和能源贸易发展作出贡献。

—— 亚马尔液化气公司负责工程建设的第一副总经理 莫纳科夫

图为亚马尔项目的液化气厂全景

28 中缅油气管道：
跨国能源合作惠及民生的典范

　　2017 年 4 月 10 日，中缅原油管道工程在马德岛港投入运行。5 月 19 日，从缅甸西海岸马德岛上岸的国际市场原油，流经缅甸四个省邦后进入中国境内。原油管道与 2013 年 7 月投产的中缅天然气管道并行，至此，中国西南能源进口通道全面贯通，中缅能源合作揭开新篇章。截至 2017 年 7 月中旬，中缅天然气管道已安全平稳运行 4 年，向中国供气 141 亿立方米，为缅甸境内下载天然气 17.7 亿立方米。

　　"有机会亲眼见到油轮进港，亲身参与这样一个跨国项目，感觉人生都值了！"在马德岛工作的年轻缅籍员工朱秉瀚由衷地发出感慨。在原油管道起点马德岛，中国石油天然气集团有限公司（简称中石油）东南亚管道公司历时 5 年，建起一座 30 万吨级的现代化原油码头和相应的深水航道、原油管道首站、120 万立方米原油罐区、天然气管道 1 号阀室、工作船码头等设施，改变了岛上基础设施匮乏、淡水资源短缺的状况。

　　如今，马德岛已成为缅甸第一座现代化的大型国际原油港口、中缅经贸合作的重要窗口、缅甸吸引外资的示范地区。

中缅领导人共同推动项目建设及运行

　　作为中缅两国建交 60 周年（1950 - 2010 年）的重要成果，中缅油气管道项目得到了两国领导人及政府有关部门的高度重视和大力支持。

　　2009 年 12 月，时任国家副主席习近平访缅，推动中缅油气管道建设。2011 年，缅甸原能源部长伦迪将军转为国会议员后继续积极推动油气管道建设。

项目概况

中缅油气管道 2010 年 6 月 3 日在米坦格河河畔开工建设。项目从缅甸西部的印度洋港口起步，并行建设天然气和原油管道，途经若开邦、马圭省、曼德勒省、掸邦等四个省邦，从云南瑞丽进入中国，与中国国内的油气管网相连。

中国石油天然气集团有限公司的全资子公司东南亚管道有限公司参与并投资控股的两个合资公司是中缅油气管道建设和运营的法律主体。项目包括三大工程，实际总投资 35 亿美元。

中缅天然气管道全长 793 公里，设计输量 120 亿立方米 / 年，其中缅甸下载 20%，在缅甸境内的天然气下载点分别设在皎漂、仁安羌、当达和曼德勒，在中国境内途经云南、贵州、重庆、广西四省区。天然气管道于 2013 年 5 月 28 日全面建成，当年 7 月 28 日实现向中国供气，气源来自缅甸印度洋大陆架若开盆地 A1A3 海上气田。

中缅原油管道全长 771 公里，设计输量 2200 万吨 / 年（其中缅甸下载量 200 万吨），进入中国境内后经贵州到达重庆，油源来自中东。原油管道的缅甸段共设有马德首站、新康单泵站、曼德勒泵站、地泊泵站、南坎计量站等 5 个站。原油管道于 2015 年 1 月 30 日实现投产暨马德岛港成功开港投运，2016 年 10 月正式启动管道设备带载测试暨水联运。

马德岛港工程是中缅原油管道的配套工程，主要包括 30 万吨级原油码头、5000 吨级工作船码头、38 公里航道、12 座 10 万立方米储罐工程。

图为 2017 年 4 月 10 日，马德岛港卸油设施降下卸油臂准备与油轮原油管口对接

2016 年 6 月，中国国家主席习近平与来访的缅甸国务资政昂山素季会见，谈到要稳妥推进中缅油气管道合作。2017 年 4 月 10 日，在习近平主席和缅甸总统吴廷觉的共同见证下，《中缅原油管道运输协议》在北京签署。

精细化管理促项目平稳运营

中缅油气管道"对生态环境的影响"曾是一些媒体关注的焦点。面对质疑，中国企业恪守缅甸环境法，把环保理念贯穿到管道建设的全过程。具体做法包括：管道线路设计绕行生态敏感区、文化遗产保护区；在若开山林区和缅北山地林区，采用同沟敷设技术，把作业带宽从常规 60 米缩减到 25 米，把对植被的影响降至最低；将环保条款列入 EPC 合同，聘请专业环境监理对承包商进行环保监督和管理，聘请第三方机构完成中缅油气管道环境与社会影响后评价工作。

在征用土地过程中，参考当地政府、合作伙伴及村民的意见制订赔偿方案，先赔付再用地，补偿款直接发放到村民手中，去除中间环节，确保村民利益。

立足当地，惠及民众

项目立足缅甸本地市场，在物资供应与服务方面优先考虑当地企业，培养当地分包商、材料供应商和服务商，先后有 220 多家当地企业参与管道建设。目前，项目在当地用工累计超过 290 万人次，现有缅籍员工 800 余人，占员工总数的 72%；为缅籍员工量身制定岗位培训计划，选派 58 名缅籍大学生到仰光和中国石油院校学习，在"师傅带徒弟"模式下，一大批缅籍员工快速成长。

截至 2017 年 6 月底，中石油东南亚管道公司和两个合资公司在缅甸援建的学校、医疗站、孤儿院、养老院以及供水、供电、道路、通信等项目达 178 个，在缅甸遭遇自然灾害时援助了 50 个零星公益项目。皎漂县县长吴登梭说，有了中缅油气管道提供的天然气，皎漂市成为若开邦第一个使用天然气发电机发电并实现 24 小时供电的城市。项目援建的 132 千伏输电线路让皎漂居民率先实现全天供电，电费从 500 缅币 / 度降到了 45 – 75 缅币 / 度之间。

▌图为 2017 年 4 月 10 日，在马德岛港，"苏伊士型"油轮靠港准备卸油

以前，马德岛上原始森林覆盖，没有公路和淡水，3000 多名岛上居民世代以打鱼、种植为生。在项目的援助下，岛上实现了村村通自来水、全天供电、村村通公路，装上了 3G 信号通信基站，有了农用柴油车、摩托车，建起了学校、医疗站，岛上居民切实感受到了巨大变化。马德岛村民吴拉觉说："我们非常支持这个项目，以前每天只有 4 小时有电，现在 24 小时能用电了，以前得去雨水池去打水，而现在能用上清洁的自来水，真太好了，太方便了。"

中缅油气管道在缅建设运营近十年，运营团队与股东、政府之间保持了良好关系，同时注重融入当地社会文化，尊重缅甸宗教信仰和风俗习惯，积极主动与沿线民众、当地媒体、非政府组织等沟通，项目在各方的支持下平稳运营。

项目意义

1. 树立"一带一路"框架下能源合作的标杆。中缅油气管道项目被缅甸政府定位于"四国互惠共赢、中缅两国能源经贸合作的代表"，被丝路基金称为"'一带一路'倡议实施的经典范例"，是孟中印缅经济走廊建设的重要项目，是中国与东盟国家基础设施互联互通的标志项目。

2. 推动皎漂经济特区建设和能源产业发展。中缅油气管道在缅甸境内可下载管输量 20% 以内的天然气和 200 万吨原油，为当地提供有力的能源支持，带动缅甸石化产业发展，解决天然气下游市场难题，实现出口创汇，促进经济增长。项目不仅促进了就业，提高了居民生活质量，还为当地增加税收，带来每年 1381 万美元的路权费以及作为项目股东 30 年的投资分红、每吨 1 美元的原油管道过境费、培训基金、社会援助资金等。

作为“一带一路”建设中最早取得实效的能源类互联互通项目，中缅油气管道成为了跨国能源合作惠及民生的典范项目，对于缅甸经济社会发展有重要意义，对于能源国际合作项目有示范价值。

项目点评

缅方感谢中国石油在管道沿线开展的教育、医疗等惠及民生的社会公益事业，并希望一如既往支持缅甸经济社会发展，为管道项目的长期安全平稳运行创造有利条件。

—— 缅甸前总统 吴登盛

中缅油气管道不仅是参与投资方互惠共赢的项目，而且将使缅甸的经济、工业化和电气化得到提高，对缅甸的长期发展具有重要意义。我特别感谢这一项目在建设过程中对自然环境的保护和对当地民众的关爱。

—— 缅甸前副总统 吴年吞

预计未来 20 年，缅甸年均经济增长将达 7% - 8%，油气将是经济发展的重要支撑，中缅油气管道对促进缅甸经济社会发展具有重要意义。

—— 缅甸工商协会秘书长 凯凯内

中缅油气管道项目是中缅两国能源经贸合作的代表项目，对两国经济发展都将起到重要推动作用。

—— 缅甸全国民主联盟中央执委 昂莫纽

29 迪拜哈翔电站：
践行绿色承诺，探路金融创新

2016 年 12 月，在位于迪拜与阿布扎比交界、波斯湾沿岸的赛赫·舒艾卜海域中，十余名潜水员陆续从游艇甲板上跃入海中，随后将一筐筐色彩斑斓、形状各异的珊瑚小心翼翼地提出水面。这批珊瑚将被移植到附近的人工岛西南侧海底，一个月后将在新的栖息地重现生机。这是迪拜哈翔清洁燃煤电站项目（简称迪拜哈翔电站）确定实施的多项环保工作之一 ——珊瑚移植，共有 28850 株健康珊瑚被移植至其他海域。

赛赫·舒艾卜海域属于杰贝勒·阿里海洋生态保护区，是迪拜海岸线上的一块处女地。在距离这片海域不远的岸上，由哈尔滨电气国际工程有限责任公司（简称哈电国际）参与投资和 EPC 总承包的中东首座清洁燃煤电站——迪拜哈翔电站正从荒芜的沙地中拔地而起。

迪拜哈翔电站是近年来全球火力发电领域规模最大的项目之一，三年前开展资格预审时就有来自其他国家的 46 家知名企业踊跃参与，迪拜政府曾一度延长竞标时间，竞争十分激烈。这个高标准、国际化的项目，最终由沙特国际水电公司和哈电国际牵头的联合体中标，由迪拜水电局、沙特国际水电公司、哈电国际、丝路基金共同投资设立项目公司负责开发建设。

2016 年 12 月，迪拜哈翔电站一期项目启动施工，这是"一带一路"建设框架下中资企业在中东地区参与投资的首个电站项目，总装机容量 2400 兆瓦，总投资金额约 33 亿美元，采用 BOO（建设－拥有－经营）模式。截至 2017 年 8 月底，项目的一号锅炉第四层钢结构吊装进入尾声，主厂房基础及汽轮发电机基础施工过半，曝气池及循环水泵房开挖完成，烟囱基础及静电除尘器基础施工完成，锅炉受热面焊接开始，设计及制造工作按计划同步有序进行。

图为阿联酋迪拜哈翔 4×600 兆瓦清洁燃煤电站项目效果图

迪拜现有电力供应绝大部分来源于天然气电站，而燃料天然气主要从卡塔尔和阿布扎比进口。从能源安全的角度出发，迪拜政府提出要促进能源来源多元化，减少单种能源依赖度，2010年提出到2030年太阳能发电比重达到15%，清洁煤和核电各占7%。迪拜哈翔电站正是推动实施当地能源发展战略的重要项目之一。

迪拜哈翔电站首台机组计划于2020年3月投入商业运行，电站建成后将极大改善迪拜现有电力供应不足的问题。首批完工的机组将为2020年10月举行的迪拜世博会提供电力保障，届时国际社会将共同检验"中国制造"的质量。

践行绿色承诺

"一带一路"建设在深化资源、能源、基础设施、产业等领域合作的同时，不可避免会涉及到生态环境问题。

迪拜哈翔电站项目中方团队从前期筹备阶段开始，就坚持绿色发展的理念，认真研究当地环境法律法规、相关环保要求等，严格履行环保义务，确保资金人力投入，制定环保方案。聘请知名咨询公司作为环境顾问，积极参与移植红树、清洁海滩、将孵化出的海龟放归大海等公益活动，在当地树立了热爱环保公益事业的企业形象。

每年3月中旬到6月中旬，濒危珍稀物种鹰嘴海龟将在夜间爬上沙滩产卵，如何在确保施工和不影响海龟正常繁殖之间找到平衡点，成为摆在项目团队面前的难题。在经过反复认真的研究之后，项目团队最终决定通过专业环保公司联合EMEG启动"海龟繁殖期监控保护方案"，实现项目施工和海龟繁殖两不误。

像这样的环保行动还有很多。为了践行绿色承诺、达到环保目标，迪拜哈翔电站确定实施了一批环保项目，包括珊瑚移植、海龟繁殖期监测、施工海域水质监测、空气质量检测、被征用潟湖还建、红树林移植和海洋生物观测、陆域动物多样性调查监测与保护等。

建得起环保电站，守得住碧海蓝天。中国企业用实际行动兑现环保承诺，不仅向当地政府和民众展现了一流的项目建设水平，同时也树立了致力于可持续发展、带来绿色和平希望的环保使者形象。

探路金融创新

2016 年 6 月 26 日，哈电国际签下迪拜哈翔电站的工程总承包（EPC）合同。中国银行迪拜分行作为项目银团贷款牵头行及中银集团内部牵头行，联合伦敦分行、黑龙江省分行，共同为项目核定 11.19 亿美元的授信总量，中银集团实现中间业务收入近 2000 万美元。

中国银行迪拜分行行长助理徐加吉介绍说，传统的思维模式在中东往往水土不服，必须坚持走国际化联合体的路线，发挥各自优势，合理分解风险。BOO 模式项目在国内很少见，中资企业缺乏经验，必须借力国际合作伙伴，结成收益共享、风险分担的利益共同体。

图为建设中的阿联酋迪拜哈翔 4×600 兆瓦清洁燃煤电站项目

2016 年 12 月，迪拜哈翔电站被汤森路透评选为中东北非地区" 2016 年最佳电力融资项目"。

迪拜哈翔电站是中资企业和中资银行通过"EPC+F+I"模式"抱团出海"并造福当地经济的典型案例，对今后中资银行继续支持和服务中资企业、践行金融走出去具有借鉴意义。

项目点评

迪拜哈翔电站是迪拜和阿联酋政府推动实施的一个重要战略项目，反映了实现迪拜能源结构多元化的决心。我祝愿沙特国际水电公司和哈尔滨电力集团顺利按时完成项目。中方与沙特在能源领域的联合工作机制为三方贸易投资带来了诸多机遇。

—— 迪拜水电局董事总经理兼首席执行官
赛义德·穆罕默德·塔耶尔

迪拜哈翔电站是迪拜当地的民生工程，对保障迪拜地区的供电安全、改善当地居民生活品质、降低居民用电成本等都有着重要意义。

—— 迪拜哈翔电站项目公司执行总裁 帕特克西

30 埃及输电线路工程：
奔流在非洲大陆上的中国电力

二十点零五分，埃及最大海港和全国第二大城市——亚历山大城再一次陷入黑暗，隔壁传来邻居恼怒的咒骂声，窗外唯一的光源是来自马路上行驶的汽车。亚历山大市居民对于每天短则半小时、长则一个半小时的大规模断电，虽然已经习以为常，但在气温高达 35℃的夏季，仍会怨声载道。这是一名中国留学生2014 年 9 月的亲身经历。那时，埃及经历了近几十年来最严重的停电，甚至导致电视台停播、开罗部分地铁停运。

埃及电力部数据显示，埃及全国发电总装机量为 3300 万千瓦，而在夏季高峰时段用电需求为 3600 万千瓦，存在 300 万千瓦的巨大缺口。在此背景下，为扭转电力不足的局面，埃及政府 2014 年与德国西门子公司签署修建 3 个大型发电站项目的协议。然而，"好马还需配好鞍"，埃及电网整体老旧，配合这三个大型发电站的修建，需要对电网基建进行整体升级改造。

2016 年 1 月，在中国国家主席习近平、埃及总统塞西的共同见证下，中国国家电网公司与埃及电力及新能源部签署了《埃及 EETC500 千伏输电线路工程总承包合同》。埃及 EETC500 千伏输电线路工程（简称输电线路工程）投资规模为 7.58 亿美元，工程范围为新建约 1285 公里 500 千伏交流线路，15 条线路分散在埃及南北。这是埃及历史上最大规模的一次电网升级改造，建成后将大大提升尼罗河三角洲地区燃气电站电力送出能力，全面增强埃及国家电网整体网架结构安全性，对促进埃及经济发展、电力能源合理利用意义重大。

图为在埃及贝尼苏韦夫省拍摄的由中国国家电网承建的跨河输电基塔 ▶

在埃及打响"中国品牌"

中国国家电网公司旗下的中国电力技术装备有限公司（简称中电装备）埃及分公司总经理刘光辉说，中埃双方在合同签署前的谈判历时一年，在资金来源、工程标准等问题上经数轮讨论才达成共识。

埃及是中国通往非洲国家和阿拉伯国家的重要门户，对中国企业走出去和全球能源互联网建设具有重要意义。过去，埃及这类工程基本都是由欧美公司承建，埃及电力部对首次与中国企业合作如此重要的项目心存顾虑。签约后，埃及电力部高层对中方团队说："这是我们和中国企业的首次合作，你们不仅代表国家电网，也代表全部中国企业。"刘光辉说，"我们当时就想，一定要把项目做好，在埃及打响中国企业的品牌。"

图为在埃及贝尼苏韦夫省，来自中国国家电网的中方施工团队使用无人机为输电工程进行跨河架线

埃及升级电网的需求与中国电力装备产能走出去的需要高度契合。作为中埃签署的重要产能合作项目，输电线路工程在建设过程中克服重重困难，努力取得突破。2016 年 11 月底，项目第一阶段已高质量完工，3 条线路已成功进入带电运营。项目经理蔡永平介绍，截至 2017 年 10 月下旬，工程总进度已完成65% – 70%。

让埃及见证"中国速度"

项目签约后，中电装备迅速展开作业。在工程建设初期，埃方要求赶在2016 年 6 月底夏季用电高峰到来之前完成三条线路，仅贝尼苏韦夫特－迈家盖段就要新建 121 座电塔，还包括两座跨河基塔。

29 岁的白鹭负责项目现场施工管理，在沙漠艳阳下工作了几个月后已晒得黝黑。他说，贝尼苏韦夫特－迈家盖段的技术难点在于尼罗河跨距较大，但最令工人们挠头的是埃及 5 月就开始的高温天气。"这里正午的温度在 40 摄氏度左右，地表温度在 50 摄氏度以上，连续几个月万里无云，高塔作业很辛苦。"白鹭介绍说，金属制的塔台被烈日烧得滚烫，为避免高温对工人的伤害，施工队凌晨三四点就要起床施工，中午休息 3 个多小时，再一直干到傍晚。

施工团队没有被困难吓倒，从进场施工到完成组塔、放线，只用了 3 个月，创下埃及电网建设中塔高最高、塔重最重、跨河宽度最大、组塔施工速度最快等 4 项纪录。"尼罗河在此处宽 600 米、跨距 910 米，这两座跨河基塔高 174.8米。这个跨度和高度，都是埃及电网系统的纪录！"刘光辉手指着两座数十层高的铁塔说。

向埃及展现"中国技术"

输电线路工程共有 1200 多公里，线路需要跨越多条铁路、公路以及果园、庄稼地等。小型直升机在当地受到军事管制，如果单纯采用传统的人工架设方式放线，应付不了复杂地形和跨越要求，还会给农作物造成损害。为此，中方项目团队向埃方介绍了无人机牵引跨河架线的施工方案。埃方对无人机架线这种新颖的方式表示疑虑，项目团队用图片、视频等反复说明，方案最终获得了认可。

埃及以往电网工程的设备产品大多来自西方国家，没有大范围应用中国电力产品的经验。中方项目团队与埃方技术管理人员进行了数轮谈判和沟通，以实验报告为基础，展现中国在超／特高压输电领域的创新性研究成果、强大而智能化的设备制造水平，最终得到了埃方认可。在各方的共同努力下，超高压输电领域的中国制造进入埃及，并为在埃及乃至北非市场的大规模应用打下了基础。

埃及当地咨询公司对图纸的审查十分严格和细致。为了加快审查进度，中方为每一名审图的埃及工程师配备一名中国工程师，及时释疑解惑，同时及时修改发现的问题。在不断地交流碰撞中，中国工程师更加了解了埃及工程师的细致耐心，埃及工程师也接受了中国工程师和中国技术。

输电线路工程的建设充分利用当地资源，12 家当地分包商参与其中，高峰期聘用当地员工 1000 余人，中埃员工比由工程初始阶段的约 4:1 达到如今的约 1:1，带动了当地就业，也促进了实际操作经验和管理规范的交流共享。今后，输电线路工程项目还将推动埃及乃至中东地区电源、电工装备、原材料等上下游产业发展，为当地创造约 7000 个就业岗位，实现中埃双方产能合作的互利共赢。

中国国家主席习近平 2016 年 1 月 19 日在埃及《金字塔报》上发表的署名文章中指出，一千年前，丝绸之路把中国埃及连在一起，如今"一带一路"让两大古文明更加接近。阿拉伯谚语说"独行快，众行远"，中国人常讲"朋友多了路好走"，这用来形容中埃结伴前行再恰当不过了。如今，矗立在尼罗河两岸的铁塔、紧锣密鼓铺设中的电缆，让中国电力如尼罗河水般奔流在广袤的非洲大陆，用根根银线连接中埃人民的友谊。

项目点评

塞西总统高度重视同中国开展务实合作，埃及制定了电力领域长远发展规划。埃中两国在 500 千伏输电线路项目上的成功合作将极大鼓舞两国今后在电力领域开展更多合作。中国是埃及值得信赖的朋友，在双方共同努力下，埃中关系一定会实现更大发展。

—— 埃及电力与新能源部长 穆罕默德·沙克尔

EETC500 千伏输电线路项目第一阶段仅用时 10 个月就已高质量完工，这得益于中国国家电网公司、埃及电力部等有关部门的精诚合作和专业高效，更体现了中埃两国产能合作机制的优越性。希望该项目能够为中埃双方进一步深化产能合作起到示范作用，相信未来两国各领域务实合作会结出更多硕果。

—— 中国驻埃及大使 宋爱国

31 "吉尔吉斯斯坦实现了电力能源的独立"

2015 年 8 月 28 日是吉尔吉斯斯坦值得纪念的一天，这一天贯穿吉尔吉斯斯坦南北的达特卡－克明 500 千伏输变电工程（简称输变电工程）正式竣工。竣工仪式上，时任吉尔吉斯斯坦总统阿坦巴耶夫说："今天我们终于可以说，吉尔吉斯斯坦实现了电力能源的独立！"

吉尔吉斯斯坦水电资源丰富，但大部分水电站都在南部地区，作为负荷中心的北部地区却资源匮乏。在输变电工程建成之前，北部仅仅依靠从罗琴变电站至伏龙芝变电站途径乌兹别克斯坦的 500 千伏输电线路供电，线路老旧，经常出现因过载而导致电力供应中断的情况。

吉尔吉斯斯坦通过中亚联合电网乌兹别克和哈萨克段中转传输的电能为 37 亿－42 亿千瓦时 / 年。每年需要向中亚电网补偿所传输电能总量的 5.4%，约为 2 亿－2.3 亿千瓦时，约合 800 万－920 万美元。自 2012 年起，根据电能转运协议，按照 0.009 美元 / 千瓦时的转运费用，吉尔吉斯斯坦每年将支付约 3330 万－3780 万美元的转运费用。

2012 年 2 月，吉尔吉斯斯坦国家电网公司与中国特变电工股份公司（简称特变电工）签订了输变电工程合同，合同金额为 3.898 亿美元，建设工期为 36 个月。项目包括新建克明 500 千伏变电站、增容扩建达特卡 500 千伏变电站、新建 500 千伏输电线路 405 公里；220 千伏配套送出线路 42 公里、改造吉北部电网安稳和通信系统、为阿拉恰变电站供应 2 台变压器。作为工程总承包企业，特变电工承担项目的设计、采购、施工、试运行服务等工作，并对工程的质量、安全、工期、造价全面负责。

▌图为雪山下的达特卡 – 克明 500 千伏变电站

　　输变电工程是世界上施工环境和条件最艰苦的电力工程之一。输电线路长达 400 多公里,其中80%处在长年积雪的崇山峻岭和偏僻荒寂的无人区、无路区,平均海拔在 2000 米以上,需翻越 2 座常年积雪的大山,没有道路,施工难度极大,但施工周期很短。每年适宜施工的时间平均不过半年,有的区域甚至只有三个多月。荒山野岭、陡峭石崖、长年冰雪、永久冻土、暴雨山洪、滑坡滚石给运输和施工造成的困难前所未有,很多俄罗斯和美国的企业经过考察后都望而却步。

　　自 2012 年 8 月 1 日输变电工程正式开工以来,特变电工采取了多种应对方案来克服环境的不利因素,甚至采用了极少使用的无人机放线技术。工程建设的 3 年时间里,先后投入 2000 多人和上百台大型机械设备,高山上没有路,赶着毛驴驮运铁塔建设材料,毛驴走不动了,就靠人力手提肩扛。特变电工凭借一流的设计、技术和装备,以及员工钢铁般的意志、辛勤的汗水,高标准、高水平、高效率地建成了这项吉尔吉斯斯坦人民的"幸福工程"。

截至 2017 年 10 月，输变电工程已稳定运行两年多。这条中吉合作建成的"电力大动脉"，正全方位服务于吉尔吉斯斯坦的经济社会发展，既解决了北部用电难题，又推动了南部经济社会发展。

近年来，特变电工在吉尔吉斯斯坦承建了多个电网和电源建设项目。其中，吉尔吉斯斯坦南部电网改造工程于 2013 年 7 月一次送电成功，使电网损耗比改造前降低 10% 以上，创造了显著的经济和社会效益，受到了当地政府和人民的广泛赞誉。比什凯克热电厂改造项目于 2017 年 8 月 30 日竣工投产，发电量从

图为海拔 3000 米以上的达特卡－克明 500 千伏输变电线路

原来的 2.62 亿度 / 年提高到 17.4 亿度 / 年，供热量增加了近 1 倍。

包括输变电工程在内一系列电力工程在吉尔吉斯斯坦建成并稳定运行，既是中国电力企业的成功走出去，又是当地民众对中国的"再认识"；既是中吉务实合作的标志性工程，又是中吉人民友谊的象征。中国与吉尔吉斯斯坦山水相连，电力基础设施的互联互通将带动两国进一步深化多领域合作，实现互惠互利、共同发展。

项目意义

1. 助力吉尔吉斯斯坦实现能源独立。吉尔吉斯斯坦电力输送长期依靠邻国电网，只有一半电能通过国内电网传输。输变电工程使吉尔吉斯斯坦实现了电站生产的电能向全国各地输送，保证了电网的独立和互联，成为吉尔吉斯斯坦最重要的能源大动脉。

2. 为当地带来巨大经济效益。以往在通过邻国输电时需要承担电力中转及补偿的相关费用，现在这些资金节省下来用于吉尔吉斯斯坦发展能源产业。同时，输变电工程让南部丰富的水电直接输送到缺电的北部和首都比什凯克地区，有力地促进了当地经济社会发展和人民生活改善。

3. 对中亚地区能源网络互联互通意义重大。输变电工程线路经过了吉尔吉斯斯坦规划建设的一系列大型水电站，预留了往北与哈萨克斯坦联网、往东向中国送电、往南延伸至塔吉克斯坦的接口和通道，未来将成为重要的水电外送通道，不仅有利于吉尔吉斯斯坦 500 千伏电网的构建及 220 千伏网架的优化，也对构架中亚电网和实现电力互送具有重要意义。

项目点评

达特卡－克明 500 千伏输变电项目是吉尔吉斯斯坦的世纪工程，吉尔吉斯斯坦实现了电力能源的独立。感谢中国政府在上合组织框架内提供贷款资金，也感谢中国进出口银行和特变电工公司，它们直接参与了项目的供资和建设。这项工程将长久地造福于吉国人民，促进吉国的发展和繁荣。

——吉尔吉斯斯坦前总统 阿坦巴耶夫

达特卡－克明 500 千伏输变电项目让吉尔吉斯斯坦不再依靠邻国电网，我们可以通过自己的电网向用户供电。

——吉尔吉斯斯坦国家电网公司总裁 阿依特库罗夫

实现国家电网独立和满足各地电力供应，是全国人民的梦想，是百姓走向幸福生活的福音。达特卡－克明 500 千伏输变电工程在家乡建成，高兴的心情难以形容，对于缺电地区的居民来说，这是件值得庆贺的大喜事。随着电网建设的发展，当地停电现象将不断减少直至消除，人民群众将减少烦恼，增添欢乐和财富。我要感谢吉中两国所有为这项工程付出劳动和贡献的人们。

——吉尔吉斯斯坦克明镇 83 岁的老镇长 埃明

㉜ 南欧江水电项目
带来老挝的山乡巨变

　　老挝北部琅勃拉邦省孟威县帕景村村民申抱着最小的女儿刚刚从被拆掉的老房子那里遛弯回来。她说："我们家之前住的就是这样的茅草房，做什么都不方便，下雨的时候被水淹，很脏。现在中国公司帮我们搬到新的移民村，房子又新又宽敞，做什么都很便利。我的大女儿也在他们的大坝那里工作，收入很好，现在的日子比原来好太多了。"

　　跟着申走到旁边移民新村里的新家，实木搭建起的新吊脚楼宛如两层小别墅，还被村民刷上了各种鲜艳的颜色。只有帕景村等一部分村落位于蓄水高程线之下，蓄水高程线以上的村民不需要搬迁。为搬迁村民新建的房子与未搬迁的旧房子对比十分强烈。

帕景村是中国电建老挝南欧江流域发电有限公司（简称南欧江发电公司）在该流域开发的二级电站库区 6 个移民新村之一，位于专门修建的乡村公路 20 公里处。这条公路将深山里的村庄连接到了老挝南北大动脉 13 号公路，总长 30 公里，总投资达 718 万美元。对这条路的重要性，在 30 公里尽头处的腾肯村村民感受最为真切。

有些腼腆的腾肯村村长通湾说，以前没有路的时候村民出门非常不方便，车都不能进来，村民出行只能靠走路或者坐船。"现在有路了，村民采伐的木材能运出去换钱了，山外的东西特别是大家最爱的老挝啤酒也能及时运进来，村民的生活条件有了很大改善。"

中国电建集团海外投资有限公司总经理助理、南欧江发电公司总经理黄彦德介绍说，南欧江流域梯级水电项目（简称南欧江水电项目）是迄今为止老挝政府授权外国公司在其境内开发整条河流水能资源的首例。"因为老挝政局稳定，风险可控，中国电建投资 27.33 亿美元开发南欧江水电项目，还投资了南俄 5 水电站、甘蒙塔克水泥厂等项目，在老挝的总投资额达 50 亿美元。随着老挝国家发展战略与'一带一路'倡议的对接，我们对投资老挝市场的信心进一步提升。"

南欧江发源于中国云南江城县与老挝丰沙里省接壤地区，是湄公河左岸老挝境内最大的支流，在琅勃拉邦市附近汇入湄公河，流域面积 2.56 万平方公里，河道全长 475 公里，天然落差约 430 米，水能指标优良，是老挝政府极力推进开发的水能资源基地之一。

南欧江水电项目是中国企业首次在境外获得以全流域整体规划和 BOT 投资开发的水电项目，也是中国电建在海外以全产业链一体化模式投资建设的首个项目，受到中老两国政府和社会各界的高度重视。项目按"一库七级"分两期进行开发，总装机容量 1272 兆瓦，多年平均发电量约 50 亿千瓦时，特许经营 29 年。南欧江水电项目一期（二、五、六级）三个电站于 2012 年 10 月动工，2016 年 5 月全部投产发电；二期（一、三、四、七级）四个电站于 2016 年 4

图为帕景村新移民村（左）与未搬迁旧房子（右）的对比

月主体开工建设，计划到 2020 年全部实现投产发电，成为老挝北部重要清洁能源基地。 2017 年 11 月 8 日，二期的一级、七级电站同步完成大江截流，实现二期的首个节点目标。

南欧江水电项目的移民工程共影响 2 省 10 县，移民 2300 余户，安置人口 12600 多人，规划建设 23 个移民新村。其中，项目二期规划建设约 15 个移民新村，目前已建成 4 个，后续建设正在稳步推进。

南欧江水电项目尊重地方政府及移民意愿，科学选址、精心规划、高标准建设移民新村，积极使用当地劳务、扶持老挝企业参与建设，改善当地基础设施条件，开展系列社会公益活动，助力当地民生持续发展。据不完全统计，南欧江水电项目提供了 8000 余个就业岗位；多次走进移民村开展金秋助学、赞助地方传统节日、公益捐赠、资助留学生等活动；为当地新建、改扩建公路 500

余公里，修建大中桥梁 20 余座，为移民村配套建设码头、学校、市场、医院及寺庙，改善当地基础设施条件，提升教育、交通、医疗等公共服务水平。

在孟威县哈克村和哈旁村合并建设的移民新村村口，立着一块刻有两国国旗和中、老文"中老人民友好的象征"字样的石碑，南欧江水电项目给当地村民生活带来的巨变被永久铭记。

| 图为 2017 年 11 月 8 日南欧江项目二期一级水电站截流仪式现场

项目点评

南欧江梯级电站的建设面貌彰显了中国电建的实力，中国公司在这里投资建设水电项目，为经济社会发展起到很大的带动作用，村里的教育医疗等公共服务条件也得到了极大改善。老挝将继续支持电站建设，争取使其早日发挥更大效益。

—— 老挝总理 通伦

老挝能源工业、扶贫攻坚、电力出口及清洁能源开发取得新成效，其中南欧江电站项目在促进地区经济社会发展中发挥着重要作用，已经成为老挝北部的明星项目和重要民生项目，影响力和知名度大幅提升，项目开发建设很成功，各项责任义务履行得很好。

—— 老挝能矿部部长兼老中友好协会主席 坎玛尼

一期项目三个梯级电站进入商业运营稳定发挥效益，二期项目建设进展顺利，同时项目为当地扶贫脱困、移民生计发展、改善基础设施、生态环保、医疗教育等公共公益事业做出突出贡献，给其他外来投资项目树立了榜样。

—— 琅勃拉邦省省长 康坎

以前我们这里很穷，大家住的都是潮湿的茅草房，现在一下有这么漂亮、整齐的房子住，还有花园，像别墅一样……路通了、机会多了、村里也热闹起来了。我们是赶上了好时机，之前不敢想的现在都实现了。

—— 琅勃拉邦省巴乌县拉塔亥移民新村村民 汶米

33 "中国资金 + 技术" 让约旦油页岩电站重焕生机

约旦人阿南尼是一位常年往返于首都安曼和港口城亚喀巴的家电经销商，中国产的冰箱和空调是他的主营产品。谈起中国在约旦的各项电力工程时，他激动地说："2011 年后，油气进口不太稳定，经常停电，一停就是几个小时，可想而知有多难受。有了新电站之后，供电更稳定，电价也有望降低，我的家电生意也更好做了！"

位于地中海东岸的约旦是一个油气资源匮乏的国家，约 96% 的能源依赖进口，全国发电量的 86.5% 依赖于埃及输送的天然气，而 2012 年埃及革命使输气量几乎一跌到底，使约旦经济和民生遭遇重创。

约旦油页岩丰富，70% 的国土都有矿藏，预计储量达 310 亿吨。且多数油页岩矿藏均生成于后白垩纪到新生代早期，页岩油含量高，易于开挖。半个多世纪以来，约旦一直希望引进外国资本和技术，利用丰富的油页岩资源发电，以摆脱对进口能源的依赖。上世纪 60 年代至今，约旦曾做了数十次项目招标尝试，最终都因受资金、技术等因素限制，中途夭折。随着经济的持续发展，约旦电力需求更加迫切，约旦政府重新将油页岩发电提上日程。

2011 年，约旦政府授权爱沙尼亚 Enefit 能源公司、马来西亚杨忠礼国际电力公司和约旦近东投资公司成立合资公司，拟投资 22 亿美元，开发阿塔拉特油页岩电站项目（简称油页岩电站）。该电站预计建成后供电量达 37 亿千瓦时，可以满足约旦 10% – 15% 的用电需求，但由于约方资金短缺，融资遇到了巨大困难，项目陷入停滞。

"中国资金＋技术"让油页岩电站重焕生机

油页岩电站在融资方面的困境，引起了中约双方高层的重视。2015 年，中国国家主席习近平会见约旦国王阿卜杜拉二世时，双方决定建立中约战略伙伴关系，全面推进各领域合作，包括推进产能与投资、加强在电力等基础设施、油页岩和可再生能源的开发利用等领域合作。随后，中国驻约旦大使馆和经济商务参赞处积极与两国政府和企业沟通协调，中国出口信用保险公司（简称中国信保）等政策性金融机构积极参与其中，推进和保障项目融资进程。

2015 年 6 月，中国粤电集团参与到油页岩电站中，负责工程的设计、制造、设备供应、建筑、安装、调试、试运行和培训等。各方达成新的合作协议，进行了股权调整变更，中国粤电集团持股 45%，马来西亚杨忠礼电力国际公司持股 45%，爱沙尼亚 Enefit 能源公司持股 10%。

为了支持开拓国际电力高端市场，中国信保对约旦的政治与安全风险、政策与投资环境、能源市场状况、政府与市场担保等进行了充分调研，出具了创新性的承包方案。在中国信保的沟通下，中国工商银行、中国银行、中国建设银行和中国进出口银行组成的中资银团决定为油页岩电站提供 16 亿美元融资，占总融资额的 70% 以上。

2017 年 3 月 16 日，油页岩电站融资关闭仪式在约旦首相官邸举行。 3 月

25 日，项目现场正式破土动工，标志着油页岩电站全面进入施工阶段，预计将在 2020 年建成投产。

油页岩电站的启动是中国政府驻外机构、中国金融机构、中国投资方和中国工程企业共同努力的结果。粤电集团由最初依靠中国资金支持中国 EPC 和中国设备走出去，升级为中国资金支持中国投资、管理、建设、装备及后续运维服务的中国电力产业链走出去，实现了在西亚中高端电力市场的突破。

油页岩电站建成后将为约旦发展注入澎湃动力

约旦首相穆勒吉 2017 年 6 月向阿卜杜拉二世国王提交的 2016－2017 年度政府绩效报告指出，到 2021 年，油页岩发电将占到约旦总电量需求的 15%－20%，从而改变约旦的能源结构，加快从当地丰富的油页岩资源受益的进程，打破能源长期依赖外部市场的瓶颈。同时，将每年减少 3.5 亿约旦第纳尔的能源支出，大大改善约旦能源安全状况。电力供应的稳定增加，也为约旦新建工业园区、商业园和交通设施的发展注入了澎湃动力，有利于约旦经济的持续发展。

在油页岩电站的建设期内，每年可为约旦提供 3500 个工作机会，运营期每年可提供超过 1000 个工作岗位，这对于失业率高达 18.2% 的约旦来说，为其促进经济社会稳定作出了重要贡献。

油页岩电站不仅是约旦最大的油页岩发电工程，也是中方在约旦最大的投融资及担保项目。项目建成后约旦能源基础设施的保障能力增强，必将进一步改善约旦的投资环境，带来更多发展机会。

油页岩电站也是中国、马来西亚、爱沙尼亚等国家在资金、工程、技术等多维度合作的产物，是创新合作方式的一次有益尝试，体现了开放包容、互利共赢的丝路精神。

能源基础设施拉动"一带一路"国际合作

约旦地处亚欧非三洲交界，自古以来便是"人类文明的十字路口"，也是"一带一路"国际合作中的重要支点国家。作为区域中立国，约旦具有中东地区首屈一指的安全和投资环境，以"中东和平绿洲"著称。

根据盖洛普咨询公司发布的研究报告，约旦是全球第九安全的国家，在阿拉伯世界中排名第二，既是从地中海进入中东的陆上国际通道，也是各大跨国公司在中东投资总部基地的首选。

中约两国人民都面临实现民族振兴的共同使命，近年来，中约战略伙伴关系不断推进，各领域交流与合作不断深化，经贸合作显著升温。约旦还积极推动"一带一路"与"2025 年约旦愿景"对接，并成为亚洲基础设施投资银行创始成员国。阿塔拉特油页岩电站项目的实施，是夯实中约战略伙伴关系、在"一带一路"倡议合作框架内推进中约能源领域投资合作的重要举措，为双方开展能源领域合作奠定了良好基础。

项目点评

几十年来，约旦人有一个梦想，那就是有朝一日能够实现油页岩发电。今天在约旦经济发展的历史上是非常重要的一天，我们在利用本国自然资源上取得了突破性进展。

——约旦首相哈尼·穆勒吉

感谢中国帮助约旦将油页岩这一宝贵的自然资源转变为电能，为经济发展与民生改善提供重要支持。感谢有关各方的共同努力，感谢中方为项目提供融资并参与项目建设，期待项目早日建成投产。

——约旦前首相 恩苏尔

感谢中国企业在阿塔拉特油页岩项目中做出的贡献。约旦期待着与中国企业继续合作，发展基础设施建设，其中包括污水处理、电力和可再生能源等。

——约旦驻华大使 叶海亚·卡拉莱

34 鸿博波兰项目为中企在中东欧的绿地投资开了好头

    2017年8月中旬，在波兰西南部奥波莱市的瓦乌布日赫经济特区，福建鸿博集团计划投资1亿美元的LED照明设备企业基建项目在历时5个月后全部完工，10月底进行试生产。

    作为第一家在波兰进行绿地投资的中国大型企业，鸿博清洁能源欧洲有限公司（简称鸿博波兰）在筹备阶段得到了中国有关政府部门的大力支持，得到了奥波莱省政府、奥波莱市政府及工商界等各方面的关心和帮助。

| 图为竣工后的厂房外观

2016 年 6 月 19 日 –20 日，中国国家主席习近平对波兰进行国事访问，并与波兰总统杜达共同出席在华沙举行的"丝路国际论坛暨中波地方与经贸合作论坛"。论坛期间，福建鸿博集团与奥波莱省政府签署了投资合作框架协议。6 月 23 日，与奥波莱市政府签署了投资协议。2017 年 3 月 20 日，鸿博波兰一期建设项目奠基仪式在奥波莱市举行。

项目概况

波兰 LED 照明设备项目是落实习近平主席访波成果的主要项目。2016 年 7 月，在波兰完成注册，12 月，瓦乌布日赫经济特区向鸿博波兰签发经营许可。鸿博波兰位于华沙西南部约 340 公里的瓦乌布日赫经济特区，离市区 5 公里左右。

鸿博波兰主要从事 LED 照明产品制造，产品以大功率 LED 路灯、隧道灯、庭院灯、面板灯、条形灯、太阳能 LED 灯、LED 封装及室内灯具为主，广泛应用于家居、商业照明、道路工程、工矿厂房照明、景观装饰照明和屏幕显示等场所。

项目计划总投资 3 亿美元，建成后将达到年产各类 LED 灯具 1200 万只以上的生产规模。鸿博波兰已与瓦乌布日赫经济特区签订投资协议，第一期建设项目于 2017 年 3 月 20 日奠基开工，投资额为 5000 万美元，现厂房建设已完工。

未来，鸿博集团计划继续增加投资，引进中国相关配套企业，进一步打造具有优质投资环境的中国科技产业园，提升中波经贸合作水平。

鸿博波兰 LED 照明设备项目是落实中国国家主席习近平 2016 年 6 月访波成果的第一个项目。习近平主席在华沙举行的"丝路国际论坛暨中波地方与经贸合作论坛"上发表题为《携手同心共创未来》的讲话时提出，要将中波合作打造成"一带一路"合作的典范，带动整个区域合作；要将经贸合作作为主攻方向，携手推动中欧贸易和投资机制建设；要推动中国－中东欧国家合作更加紧密地同"一带一路"建设对接，构建持久务实的中国－中东欧国家合作。

波兰发展部副国务秘书帕维尔·郝隆日说，中波关系已经上升为全面战略伙伴关系，"一带一路"倡议也意味着双边合作更加重要。波兰欢迎中国企业来波投资和拓展业务，也希望中国市场能够敞开双臂欢迎波兰投资者。

这个项目也为中国在中东欧开展更多绿地投资积累了实践经验，为中国在中东欧打造"一带一路"互利共赢的名片提供了务实案例。

绿地投资是投资主体在目标国新建企业进行独资或合资经营的一种方式。与跨国收购兼并相比，绿地投资能显著增加目标国经济总量，有助于增加其生产能力、产出及就业，为当地经济发展带来新的增长点，因此受到普遍欢迎。中国对外直接投资统计按照投资方式区分，包括新设、并购、增资和财务重组。除了新设可视为绿地投资外，增资和财务重组也有部分可视为绿地投资。

中国在中东欧国家进行绿地投资，符合这些国家的经济振兴意愿，很有发展潜力，鸿博波兰为拓展中国在中东欧的绿地投资开了个好头。

波兰驻华大使林誉平表示，波兰所有行业都非常欢迎中国企业的投资。波兰是个很适合外商直接投资的国家，有较低的运营成本和劳动力成本，同时劳动力质量高。波兰有 14 个经济特区提供商业运营的优惠条件，另有 52 个工业园区用于外企落地，也有国家预算和欧洲金融稳定基金提供的融资。

中国企业在发达国家进行绿地投资，不仅可以获得国际市场以及全球资源，还可以接触到先进的研发成果、生产技术以及管理经验。进入高端海外市场后，中国企业也将积极改善产品并提高竞争力。

随着"一带一路"建设在欧洲的推进，波兰等中东欧国家日益重视中国带来的重大合作机遇。"一带一路"倡议契合了波兰谋发展的迫切愿望，夯实了中国与波兰合作的基础，也让中波合作之路越走越宽。

项目点评

波兰是沟通中国和欧洲的重要交通枢纽，因此"一带一路"对于波兰而言将是一次机遇，不仅在经济方面，在文化、教育、旅游等方面也同样重要。

——波兰总统顾问 采扎雷·科哈尔斯基

鸿博集团在奥波莱的投资对于奥波莱市而言非常重要，这个投资具有历史性意义。中国企业潜力巨大，我们期待有新的公司来此投资。

——瓦乌布日赫经济特区主席 马切伊·巴多拉

"16+1合作"以及"一带一路"倡议不仅带来了企业投资，也促进了基础设施、能源等领域建设。波兰重要的地理位置可以成为连接东西方的理想纽带。奥波莱省不仅支持大型企业到中国投资发展，也将支持中小企业进入中国市场。中国企业福建鸿博集团在奥波莱投资是一个很好的案例，这一项目不仅可以促进奥波莱省的经济发展，也将促进波中两国间的合作，相信这是双方合作的良好开端。

——波兰奥波莱省省督 阿德里安·楚巴克

35 "老挝一号"卫星 让老挝电视网络"村村通"

早上 8 点半,老挝首都万象郊区湄公河畔的"老挝一号"卫星地面站里,老挝小伙子格坎已经坐在他的岗位上,开始了他一天与遥远天外的卫星亲密接触的工作。这位 29 岁、来自老挝北部偏远山区的小伙子,如今已把地面站当成了他的家,在地面站的宿舍里居住,在地面站的食堂里就餐,而在 400 多公里外大山深处的家乡,他的亲人们则通过他参与测控的这颗卫星看上了电视节目。两个家,通过一颗卫星神奇地联系在了一起,正如同格坎自己说的"这是一种神奇的缘分",而"缘分"在佛国老挝就是最神圣的东西,如同信仰。

2013 年,因为曾在中国留学,会讲流利中文的格坎被老挝邮电部选派为 35 名学员之一,赴中国学习卫星控制。那时,这 35 名学员与 600 多万老挝人民一样,完全不知道卫星是何物,而仅仅两年后,曾经离他们很遥远的卫星就成为了他们生活中的一部分。

2015 年 11 月 21 日,在时任老挝国家副主席、现任国家主席本扬·沃拉吉的亲眼见证下,"老挝一号"卫星在中国西昌卫星发射中心由长征三号乙运载火箭送上太空。在当年 12 月初举行的庆祝老挝建国 40 周年庆典上,时任老挝国家主席朱马里·赛雅颂说:"老挝全国上下都沉浸在中方帮助老挝发射卫星的喜悦之中。"

项目概况

　　"老挝一号"卫星是一颗基于东方红三号 B 卫星平台研制的地球同步轨道通信广播卫星，设计寿命 15 年，可满足老挝国内迫切的广播电视传输和通信需求，主要用于向湄公河地区提供高清电视节目、远程教育、政府应急通信等服务。卫星由中国航天科技集团五院研制，长征三号乙火箭由中国航天科技集团公司一院研制。

　　项目于 2012 年 12 月 1 日正式启动，由中国航天科技集团公司旗下中国运载火箭技术研究院的子公司——中国亚太移动通信卫星有限责任公司总承包，采用中国政府优惠贷款与出口买方信贷混合的方式完成项目融资。2016 年 3 月，卫星在轨交付，中老合资、负责"老挝一号"商业运营的老挝亚太卫星有限公司同时挂牌成立；当年 9 月，老挝亚太卫星有限公司获老挝政府许可，正式开展卫星通信、卫星电视和地面移动通信等业务。

　　项目主要应用于以下四个方面：

　　卫星电视直播（DTH）及音频广播系统：提供 80 套以上电视节目及 10 套音频节目，丰富老挝人民文化生活。

　　VSAT 通信网：包括农村通信业务网，无线宽带网，政府通信网，国家应急通信网。

　　国际关口站：在万象建设以"老挝一号"卫星为中继站的国际通信业务接入关口站，搭建国际信息化高速公路，开展国际通信接入业务，主要用于 IP 数据以及话音传输、电视节目接收等。

　　通过项目建设及运营，为老挝培养一批高科技人才，促进老挝相关领域发展，并带动社会就业。

图为地面站局部航拍图

老挝卫星电视就是老挝版的"村村通""户户通"，让地处偏僻的广大山区农村民众看上了老挝自己卫星上的电视节目，从根本上解决了老挝民众看电视难的问题。截至 2017 年 10 月，与普通百姓生活最近的卫星电视直播（DTH）业务，老挝亚太卫星有限公司（简称老星公司）已累计签售机顶盒 8.8 万余台，机顶盒里集成 130 个电视频道，包括老挝本土所有频道 6 个、中文频道 55 个、其他国家语种频道 69 个。

"老挝一号"是老挝的第一颗主权卫星，基于卫星的行业应用和产业延伸在老挝属于新兴领域，政府民众对此满怀期待。老挝政府有计划地组织安排政府官员参观老挝卫星地面站，通过实地考察和交流，提高了对卫星通信应用的认识。老挝各大政府部委和企业已陆续加入使用"老挝一号"卫星服务的行列。目前，老星公司已与老挝两大电信运营商签订了转发器租赁协议并完成转星工作，已完成老挝交通部下属航空交通管理局项目的设备安装、调试工作。

2016年9月，老挝作为东盟轮值主席国组织东盟峰会，老星公司与老挝公安部配合，通过卫星通信链路向会场和公安部指挥监控中心免费提供了安保视频监控服务，有效满足了会议高规格安保需求。基于此，老挝公安部在会后向老星公司颁发了东盟峰会贡献奖。

老星公司现有121名员工，其中老方员工约占80%。老星公司自成立至今已逾一年半，老方员工在地面测控(GCS)、地面广播通信（GBTS）、技术工程和技术保障等方面都发挥了重要作用。在整个卫星的运营管理中，中、老两方技术人员细致操作、密切配合，不仅使年轻的技术队伍得到了锻炼，也为培养老挝本土独立开展卫星运营管理的技术人员打下了坚实基础。

图为老星公司向万象周边村落推广卫星电视服务，深受村民欢迎

项目意义

1. 让老挝人民享受到了现代化高科技成果。老挝卫星项目大大改善了老挝国内特别是偏远贫困地区的通信及文化信息传播条件，使老挝人民与现代化国家一样享受到了高科技成果，老挝卫星项目成为一张让老挝人民引以为傲的"国家名片"。

2. 使老挝现代化进程实现了跨越式发展。老挝卫星项目使老挝不仅拥有了自己的卫星，还在卫星测控以及商业运营方面为老挝培养了大批应用型人才，并积累了经验，使贫穷落后的老挝在现代化进程中实现跨越式发展成为了可能。

3. 推动了"一带一路"高科技领域的合作。"一带一路"并非中国落后产能的对外输出，而是包括高科技领域在内的全方面对外合作与共赢，作为早期收获项目之一的"老挝一号"项目就切实体现这一点，将对"一带一路"科技领域的合作有示范作用。

4. 推动了"一带一路"相关国家互联互通。老挝地处中南半岛核心位置，"老挝一号"卫星以卫星通信业务为依托，还将积极开展卫星导航、卫星遥感应用业务，对"一带一路"相关国家间的互联互通有重大意义。

截至 2017 年 10 月，"老挝一号"卫星自 2015 年 11 月成功发射进入预定轨道，完成正常在轨运行已逾 23 个月，星上各系统运行正常，各项技术参数指标符合设计要求，并按计划开展了卫星在轨管理工作、卫星电视直播工作、VSAT 通信业务和供配电保障等相关工作，正在全方位服务于老挝经济社会发展。

特别是通过卫星覆盖范围广的优势,将多样性的电视节目覆盖了老挝各个角落,并在逐步改变着老挝人民长期收看泰语节目、受泰国文化影响较深的现状,开阔了老挝偏远山区人民的眼界。同时,开创了一条增进中国－老挝及中国－东盟双边人文交流的"天路",使老挝人民感受到"老挝一号"卫星不仅是老挝科技发展的名片,更是中国与老挝以及东盟各国文化交流、民心互通的桥梁。

可以说,"老挝一号"卫星项目从诞生之日起就决定了其承载的历史意义,它既是中国航天数十颗通信卫星联结而成的"太空丝路"上的闪亮明星,更是中老两国"一带一路"合作的耀眼新星。

项目点评

"老挝一号"卫星项目是老中成功合作的一个重大项目,提升了老挝国家科技发展,展示并提高了老挝国际形象,是老中友谊的结晶。

—— 老挝人革党中央总书记、国家主席 本扬

"老挝一号"卫星项目将为老挝国内外客户提供卫星通讯信息与技术服务,必将对老挝经济社会发展作出重要贡献。"老挝一号"卫星项目是老中友好和务实互利合作的成果,必将给两国人民带来实实在在的利益。

—— 前老挝人革党中央总书记、国家主席 朱马里

老挝是一个发展中小国,拥有属于自己的卫星对老挝政府和人民来说尤其振奋人心,这使得周边国家和全世界其他卫星拥有国都对我们刮目相看,这是从未有过的事。希望借"老挝一号"卫星将老中两国的合作深化到新的层次,推向一个新高点。

—— 前老挝邮政、电信和信息部长 亨·蓬马占

▌图为斯梅代雷沃钢厂厂区

36 复兴斯梅代雷沃钢厂 擦亮"中国钢铁"招牌

　　"就在一年多之前，斯梅代雷沃的这家钢铁厂还被愁云惨淡的氛围笼罩着，由于亏损严重，钢厂时刻面临着被迫关停的风险。"斯梅代雷沃钢厂高管弗拉丹·米哈伊洛维奇说。2015 年时，为了维持钢厂生存，职工的工资被降了两次。

　　如今，走进斯梅代雷沃钢厂，在外墙上可以看到巨大的标语"塞尔维亚的骄傲"，大门前停了不少班车，身着工作服的工人们有说有笑地走进工厂。

　　"我在这个工厂工作了 30 年零 16 天了。某种意义上讲，我就是这儿的战士。"头发花白但精神矍铄、开朗健谈的米洛米尔·史多加迪诺维奇经历了钢厂的沉浮。"以我 30 年的经验，我们厂现在是真的复兴了，这是新投资人注入的巨大正能量所带来的。他们解决了资金问题，还准备在未来几年大量投资改造工厂，把我们的企业打造成欧洲最好的钢厂之一。"说到这里他的眼睛都亮了起来。"他们"指的就是 2016 年 4 月 18 日收购斯梅代雷沃钢厂的中国河钢集团有限公司（简称河钢）。

根据世界钢铁协会数据，2016 年塞尔维亚粗钢产量 117.3 万吨，生产工艺为长流程连铸连轧，产品结构以板材为主。塞尔维亚唯一的国有大型支柱性钢铁生产企业——斯梅代雷沃钢厂始建于 1913 年，是一家百年老厂，生产热轧板、酸洗卷、冷轧卷和电镀锡板等产品。2003 年 9 月，美国钢铁公司以 2300 万美元的价格收购钢厂。因金融危机、全球钢铁市场下行、钢厂销售业绩不佳，美国钢铁公司 2012 年 1 月将钢厂以 1 美元的象征性价格回售给塞尔维亚政府。此后，塞尔维亚政府数次就钢厂私有化进行公开招标，但均以失败告终。2015 年，钢厂产量不足 90 万吨，亏损约 1.2 亿欧元。

2016 年 4 月 18 日，河钢与斯梅代雷沃钢厂签署收购合同，出资 4600 万欧元收购钢厂 100% 的股份，并保留全部 5050 名员工。当年 6 月 30 日，河钢集团与斯梅代雷沃钢厂完成资产交割。

2016 年 4 月河钢收购时，钢厂已连续 7 年亏损、开工不足、工人收入下降。业界很多人抱有疑虑：在具有丰富跨国经营经验的美国钢铁公司和具有本土优势的当地经营者均难以扭转经营困局的情况下，河钢能不能经营好斯梅代雷沃钢厂？然而，河钢在收购斯梅代雷沃钢厂半年后的 2016 年 11 月底就实现息税前盈利，当年 12 月实现产销量 12 万吨，并实现盈利。河钢是怎么做到的呢？

专业到位的管理与培训为良好运营打下基础

"钢厂是这座城市的龙头企业，也是这座城市的经济命脉，钢厂的生死决定着这座城市的兴衰。"斯梅代雷沃钢厂公关部经理耶丽娜·拉多扎克维奇说，斯梅代雷沃市许多家庭几代人都在这座钢厂工作。

专业到位的技术和管理注入、覆盖面广且有针对性的员工培训，是钢厂复兴的第一基础。完成收购后，河钢先后派出多支专业团队赴塞开展工作，派驻塞尔维亚的技术团队多达 11 批近 200 人，从生产组织、财务管理、工艺控制、质量保障、设备维护等多个方面，帮助钢厂分析、查找和解决问题。前方管理团队对钢厂现有的采购、销售、劳务、对外合作等各种合同进行全面梳理和评审，相关重大业务合同重新进行谈判与商签；诊断并解决了斯梅代雷沃钢厂在设备、技术、信息化、工艺等方面的问题。

做好员工培训，才能为设备改造、技术升级创造"软"条件。2017 年，中方为斯梅代雷沃钢厂专门组织了 8 期培训班，培训员工 1520 人，涵盖所有主要业务岗位。根据规划，2018 – 2020 年，中方每年将继续安排 8 期培训班，培训员工 3075 人。

2016 年 7 月以来，钢厂职工时薪上涨了近 10%，领到了特别奖金。38 岁的热轧车间副主任伊万·马特科维奇京说："自从河钢来了，我能从大家的表情中、谈话里，包括我自己身上都感受到那种积极乐观的气氛。我们知道未来有保障了。现在我们的工资涨了，希望工资会随着产量继续提高。"

| 图为 2016 年 4 月 18 日，河钢集团正式签约收购塞尔维亚斯梅代雷沃钢厂

项目意义

1. 中国优质产能、技术和管理经验全面走出去。河钢接手钢厂后，加大技术、管理和装备支持力度，仅用半年时间就极大改变了钢厂面貌，实现扭亏为盈，也让当地充分认识到了"中国效率"。

2. 构建和谐多元企业文化的有益探索。钢厂交割前后，与5000多名塞方员工全部签订了劳动合同，涉及薪酬待遇等职工利益的内容全部覆盖。在尊重当地人文风俗和企业原有优秀文化的同时，钢厂加强管理、建章立制，全面引入河钢管理理念和企业文化，完成了劳动指导、风险评估、培训、医疗检查等30余项管理准则的签订。

注入"中国钢铁"的优质产能与产业配套

2016年6月19日，中国国家主席习近平在贝尔格莱德参观斯梅代雷沃钢厂指出，这个项目要打造成为中国–中东欧国际产能合作和"一带一路"建设样板工程。如今，这个项目用沉甸甸的收获，不辱使命、不负重托。

世界钢铁协会发布的数据显示，2016年，全球钢铁产量超过16亿吨，中国占据其中的一半。河钢是中国最大、全球第二的特大型钢铁集团。正是基于这样的产业地位，河钢在完成收购后，以成套设备出口、投资、承包工程及生产管理、运营等产业配套模式，整体注入中国钢铁产业的优势，实现了斯梅代雷沃钢厂在短时间内复兴，激活了塞尔维亚的钢铁产业。

塞尔维亚财政部公布的数据显示，2016年下半年，斯梅代雷沃钢厂的出口量大幅增加，成为塞第二大出口企业，是带动塞尔维亚出口增长的重要动力之一。

塞尔维亚钢铁产业协会会长丝洛波丹卡·苏萨惊叹于斯梅代雷沃钢厂的巨大变化："根据我所掌握的数据，斯梅代雷沃钢厂2016年的产量同比增加了22%。但是在2016年上半年，也就是河钢正式接管之前，钢厂的产量同比减少了7.5%。这说明全年产量的2/3是在河钢接管钢厂以后生产的。"

2017 年 5 月 16 日，时任塞尔维亚总理武契奇专程访问河钢时说："河钢集团和斯梅代雷沃钢厂将成为我们共同打造的成功故事。"

中塞两国政府和企业在"一带一路"倡议下积极探寻发展经贸合作的新领域，扩大基础设施建设以及产能合作的空间。以钢铁产能合作为抓手，中国企业将更多更深入地参与到塞尔维亚的经济建设中，为其发展做出中国努力。

把斯梅代雷沃这家百年钢厂打造成中国与中东欧国家国际产能的共赢典范，为促进世界经济发展的全球产业布局贡献了中国力量，展示了中国企业风采，擦亮了"中国钢铁"招牌。

项目点评

河钢收购斯梅代雷沃钢厂是中塞经济合作的成功典范。这次收购不但解决了 5000 多工人的就业问题，更重要的是让塞尔维亚的钢铁产业得以继续发展。中国和塞尔维亚之间的友谊是钢铁般的友谊，而河钢斯梅代雷沃钢厂则将用他们的钢铁为这友谊继续添砖加瓦。

—— 塞尔维亚总统 武契奇

河钢集团体现了中塞两国通过相互的信任和诚实的合作，能够给塞尔维亚经济带来贡献，并且在欧洲地区发挥作用。正是因为河钢塞尔维亚公司的经营成果，钢厂的成功也恢复了塞尔维亚人民对政府的信任。河钢集团是中国投资成功的最好证明。

—— 塞尔维亚总理 安娜·布尔纳比奇

河钢集团对斯梅代雷沃钢厂的收购对于塞尔维亚钢铁行业有着巨大的积极影响。2016 年，塞尔维亚的钢产品进口增速为 4.7%，同比大幅下滑。国产钢在全国钢消费量的占比达到 2012 年以来的最高点。

—— 塞尔维亚钢铁产业协会会长 丝洛波丹卡·苏萨

37 喜马拉雅航空：
架起尼泊尔开放的空中桥梁

2016 年 3 月 20 日，一架 A320 飞机平稳降落在北京首都国际机场，时任尼泊尔总理奥利正式开始其为期 7 天的访华行程，并将参加当月 24 日在海南举行的博鳌亚洲论坛，之后还将前往西安等城市，全程都将乘坐他身后的这架飞机，而执行此次专机任务的正是喜马拉雅航空。

2014 年 8 月 19 日，由西藏航空（49%）和尼泊尔雪人环球投资公司（51%）共同投资设立喜马拉雅航空公司（简称喜航），注册资本 2500 万美元，是尼泊尔民航领域最大的海外投资项目。

喜航是中国航空企业在尼泊尔投资的第一个航空运输企业，航空基地设在尼泊尔首都加德满都的特里布万国际机场，主要执飞南亚、中国、中东等国际航线。2016年4月12日，喜航完成加德满都至科伦坡的成功首航。截至2017年9月，喜航从加德满都直飞多哈、迪拜、沙特东北部达曼的航班均实现了首飞。

据估算，喜航公司每年将为尼泊尔提供300个就业岗位，每架飞机将为尼泊尔每年提供超过300万美元的税收。喜航还为尼籍员工提供了飞行员A320转机型培训、乘务员初始培训、机务维修培训、签派员培训等，为尼泊尔培养了大量航空专业人才。

喜航为尼泊尔民众提供出行便利和良好的服务，并为中尼及周边地区架起更多的空中桥梁。"中国是我们的重要市场，现在从尼泊尔到西藏非常方便。"在第三届西藏旅游文化国际博览会上，尼泊尔商人帕拉卡什显得非常兴奋。现在，不仅中尼两国口岸往来更加便利，而且空中交通也实现了前所未有的发展。

实现中国航空 + 尼泊尔旅游的资源对接

尼泊尔旅游市场潜力巨大，旅游业对尼国内生产总值的贡献率已达10%，而航空业的潜力还远远没有发挥出来。在喜航成立之前，尼泊尔只有一家国际航空公司。尼泊尔航空基础薄弱，航线只有几条，管理比较落后。目前尼泊尔国际航空市场中外国航空公司占94%，尼泊尔航空占6%。

喜航维修与工程总经理赵锦说，喜航的成立正在改变尼泊尔国际航空这种局面。举例来说，尼泊尔是个多山国家，首都加德满都位于山谷，加上冬季云厚雾大，能见度低，如果要提高运行效率，飞机就需要具备RNP（所需导航性能）运行能力。很多公司因为不具备该运行能力，限制了航班的运行。而喜航运行的A320系列飞机具备这种能力，这套系统中机载设备和飞行程序就需要100多万美元，还有相关人员和培训等，全部下来需要几百万美元，这笔投入大大提高了喜航的运行效率。

自2013年以来，尼泊尔民航局被世界民航组织（ICAO）列在重大安全关注（SSC）的名单中，致使尼泊尔无法开通很多国际航线，其中包括香港、新加坡等。喜航在运行期间，针对运行制度和运行要求与尼泊尔局方进行多次深入沟通、共同改进，从而能够更好的达到 ICAO 的要求。2017 年 7 月 9 日 – 12 日，ICAO 对尼泊尔民航局进行检查，在此期间喜航有幸成为 ICAO 团队行业访问的企业。最终，ICAO 将尼泊尔民航局从 SSC 名单中解除。

尼泊尔是世界旅游胜地，地理位置得天独厚，冬季是尼泊尔的旅游旺季，夏季则是西藏的旅游旺季，利用季节差异，西藏航空公司可以将飞机实现异地调配，充分发挥经济效益。

民航线路的开辟有利于打造便捷的进出西藏国际通道，极大便利西藏与这些地区的国际贸易往来和人员交流，加快西藏世界旅游目的地建设。喜航预计在 5 年内实现 15 架飞机的规模，开辟东南亚、南亚、欧洲通过加德满都中转拉萨的航线，打造快捷的进藏国际通道，并将建设南亚 – 加德满都 – 拉萨 – 阿里等朝圣环线。

尼泊尔拥有丰富的旅游资源，而中国拥有先进的航空技术和安全理念，全球化的发展趋势使各国的联系日益紧密，世界经济的发展早已是"你中有我，我中有你"，喜航的线路开辟，是两国旅游＋航空资源互补的一次重要尝试，双方各取所长、互惠共赢，印证了"一带一路"是一条中国与世界共同发展、共同繁荣之路。

联通南亚大通道上的"空中通道"

中央第六次西藏工作座谈会将西藏明确定位为我国面向南亚开放的重要通道。同时，西藏是"一带一路"倡议中面向尼泊尔等周边国家的枢纽，近年来交通、水利、能源等基础设施建设步伐不断加快，打造南亚大通道的工作取得有效进展，成为国家全方位开放格局的前沿地带之一。

西藏与南亚地区山水相连，有着天然的人文纽带和资源优势，同时两地经贸往来历史悠久，有利于对接"一带一路"和孟中印缅经济走廊，进而推动环喜马拉雅经济合作带建设。

喜航的组建不仅将为西藏社会经济快速发展带来新的机遇，还能有效深化与南亚国家间的互利合作，助力周边国家共掘区域市场潜力、共享发展红利。作为西藏落实"一带一路"倡议的重要项目，喜航的目标是建成一家以尼泊尔为基地，辐射中国、南亚、东南亚、中东、欧洲等航线的国际航空公司。

"交通基础设施的互联互通，正让宏大的'一带一路'倡议逐步转化为人们看得见、摸得着的具体项目。"中国人民大学国际关系学院教授庞中英说，基础设施互联互通项目能非常明显地改善当地老百姓生活。

中国国家主席习近平 2014 年 11 月 8 日在加强互联互通伙伴关系对话会上发表讲话指出，"亚洲各国就像一盏盏明灯，只有串联并联起来，才能让亚洲的夜空灯火辉煌。"只要各国齐心协力，实现人畅其行、物畅其流，一个紧密相连、互通有无、携手并进、合作共赢的亚洲，定能以自身发展造福本地区人民，为推动世界繁荣进步注入生机勃勃的亚洲动力。

项目点评

最近几年，中尼两国在水力发电、旅游、民航等方面的合作不断取得新成就。喜马拉雅航空公司的成立是一项具有开创性的合作，必将给中尼关系的进一步发展提供新动力。

—— 中国驻尼泊尔大使 吴春太

我们非常高兴成为尼泊尔第一家也是唯一一家直飞达曼的航空公司。有了这条新航线，喜航将能为超过 50 万在沙特打工的尼泊尔人提供服务。

—— 喜马拉雅航空公司副总裁 什雷斯塔

喜航的开通不仅有利于提升尼泊尔航空业和旅游业，创造就业机会，培养航空人才，而且将增强尼泊尔与世界的空中联通，为尼泊尔经济发展做出贡献。

—— 《新兴尼泊尔报》总编辑 拉玛苏

38 南南学院：
共享中国发展经验的开放平台

这是 2017 年 10 月 11 日，中国国家主席习近平给南南合作与发展学院（简称南南学院）首届硕士毕业生回的一封信。

南南合作与发展学院首届硕士毕业生：

　　你们好！来信收悉。得知你们圆满完成学业、成为南南合作与发展学院的首届毕业生，而且学有所思、学有所获，我感到十分高兴。

　　你们在信中表示，促进公平、包容、可持续发展是大家的共同心愿。这正是中国倡导建立南南学院的初衷。南南合作是发展中国家联合自强、应对挑战的伟大事业。中国将发挥好南南学院的平台作用，推动开展南南合作，促进广大发展中国家共同走上发展繁荣之路。

　　作为首届毕业生，你们满载荣耀，使命光荣。希望你们坚持学习、学以致用，行远升高、积厚成器，努力探索符合本国国情的可持续发展道路，成为各自国家改革发展的领导者。希望你们珍惜同各位老师、同学、朋友在中国结下的情谊，书写你们国家同中国友好合作新篇章，成为全球南南合作的践行者。

　　请代我向你们的家人问好，欢迎有机会再回中国来！

中华人民共和国主席 习近平

2017 年 10 月 11 日

习近平主席 2015 年 9 月在出席联合国成立 70 周年系列峰会时宣布，中国将设立南南合作与发展学院，赢得了国际社会广泛赞誉和高度评价。为落实好这一承诺，商务部精心谋划、周密筹备，决定在北京大学设立南南学院，开启面向发展中国家政府官员和社会精英的国家发展专业学历学位教育培训。

2016 年 4 月 29 日，南南学院在北京大学正式成立，邀请国内、国际知名教授和学科带头人为核心组建高水平师资团队，以政、经、哲、史、管理等多学科交叉研究为特色，采用国际化、全英文教学方式，开设新结构经济学与政策实践、发展理论与政策等课程，旨在分享治国理政经验，帮助其他发展中国家培养治国理政高端人才，共同探索多元化发展道路。

2016 年 9 月 9 日举行第一期开学典礼，录取来自埃塞俄比亚、柬埔寨、牙买加等 27 个亚非拉欧发展中国家的 40 多名政府官员、议员、金融从业者和学者作为硕士、博士学员。2017 年 7 月 6 日，毕业典礼上，毕业学员现场朗读了致中国国家主席习近平的感谢信。

理论大师 + 中国经验，构建系统性课程体系

北京大学国家发展研究院名誉院长、南南学院院长、原世界银行首席经济学家兼高级副行长林毅夫表示："经验和理论的适用性决定于前提条件的相似性，二战后的一系列事实表明，由于发达国家和发展中国家的前提条件差异很大，照搬发达国家的经验和理论，以发达国家的经验和理论指导发展中国家的现代化进程，往往形成'淮南为橘，淮北为枳'的困境。因此，我们把中国等发展中国家的经验总结成普遍理论，供其他发展中国家结合本国实际来制定政策。"

南南学院学术院长傅军介绍说，"南南学院的教师队伍强大，每位授课教师都学贯中西，既有中国教育背景，也在国外一流大学受过教育，具有横跨中西的思维方式，是各个领域的顶级专家。关键是，他们对中国国情十分了解，因此能深入浅出地为学员授课，帮助学员树立一个'方向感'，搭建现实和愿景的桥梁。此外，南南学院还邀请已退休的政府官员授课，介绍中国的发展经

▍图为学员们在有关中国国情的课堂上学习

验和政策。"

南南学院的教学具有极强的系统性，每门课程各司其职，力求培养学员的系统性、前瞻性思维。核心课程设置主要分为三个模块，即领导力、发展经济学和国家发展。领导力是实现国家发展的制度保障，发展经济学是实现国家发展的路径选择的理论依据。这些精心设计的课程是为发展中国家的栋梁之才量身定制的，目的是让他们接触到更多中国在治国理政方面的先进经验，回国后，能根据自己国家的情况开出"治国良方"，减少普遍存在的对发达国家治国理政经验的"依赖症"。

南南学院经过一年多的发展，在教育国际化方面走在了全球前列。在教育内容上，南南学院不仅教学生理论和经验，还启发学员如何学以致用，分析社会问题，提出解决方案。帮助学生培养研究问题的新思维，"这远比仅仅传授方法重要得多。有了正确的思维，才能做出正确的决断。"傅军说。

读万卷书不如行万里路，寻找发展中国家治国良方

"读万卷书不如行万里路。"课堂之外，南南学院还组织学员进行实地考察，深入体验当地发展模式。仅在 2017 年 1 月，学员们就走访了腾讯公司、华为公司、万科集团和华大基因研究院等。

在深圳调研时，东帝汶一家基金会的理事达·席尔瓦·朱安尼克发现，自己亲眼见到的中国，并不是此前在书本上认识的那个中国。"东帝汶也想建特别经济开发区，深圳经验值得我们借鉴。"他说，回国后将把中国吸引外资的经验整理成建议报告，呈交给上级。

南南学院是一个开放的教育平台，首批来自 27 个不同国家的学员们在这里得以了解世界最大发展中国家在治国理政方面的经验，分享彼此的知识、经验和想法，思考和寻找适合本国的发展之路。

在过去一年多的学习生活中，学员们积极参与课程学习研讨，到中国各地实地参访，直观感受到了中国经济的快速发展、社会的蓬勃活力和民生的持续

❙ 图为南南学院的学员

改善，亲眼目睹了中国特色发展道路的成功实践，真切感知了中国发展经验的精髓。

津巴布韦总统内阁办公厅副主任吉福特·穆蓬贾感叹说："来中国学习治国理政的先进经验，我的眼界更开阔了，思考问题也更加全面、客观和深刻了。多样化而活力十足的学习环境，有助于政策决策者们更全面、客观地设计发展政策。开放包容使中国充满活力。我要把中国的经验和智慧带回我的祖国，为家乡建设贡献一份力量。"

尼日利亚副总统办公室特别助理柯沃勒·欧莫勒认为，南南学院的学习具有重要意义："我学习了西方经济发展模式，现在又获取了中国经济管理的第一手经验，这有助于我保持清晰的思路，在未来做出正确的判断。因为如果只有政治，却没有健全的经济管理，就容易引发无政府主义和社会混乱。"

贡献思想，凸显发展中大国责任

当前，世界格局发生了许多深刻复杂的变化。在这一背景下，南南合作显得更加重要。南南合作是发展中国家联合自强的创举，是平等互信、互利共赢、团结互助的合作。

傅军说，南南学院的成立正是中国作为一个负责任大国的表现，是中国推动南南合作、促进共同繁荣的重要举措，同时也是提高发展中国家人民福祉之举。

联合国驻华代表诺德厚在南南学院开学典礼上致辞说："中国政府积极落实中国国家主席习近平在 2015 年联合国系列峰会上的援助承诺，设立南南合作与发展学院是支持全球可持续发展和南南合作的创举，必将对全人类进步事业产生深远影响，充分彰显了中国政府'言必信、行必果'的负责任大国形象。"

"一花独放不是春，百花齐放春满园。"在 2015 年南南合作圆桌会上，中国国家主席习近平说，一把钥匙开一把锁。我们要坚定信心，坚持走自主选择、具有自身特色的发展道路，彼此分享治国理政成功经验，把能力建设作为重点，挖掘增长潜力，破解发展难题，增进人民福祉。

与广大发展中国家团结合作，是中国对外关系不可动摇的根基。中国是发展中国家一员，中国的发展机遇将同发展中国家共享。

南南学院将中国改革开放以来积累的发展理念和经验传递给发展中国家的学员，把中国自身发展和发展中国家共同发展紧密联系起来，用思想和智慧助力发展中国家人民追求美好生活的梦想，不断为南南合作增添"智力"和人才的新活力。

项目点评

我在这里收获最大的就是，学习到了中国发展的经验。中国发展就像一个奇迹，通过制定清晰和精准的政策，配合政府和人民的共同努力，中国在短短 30 年的时间内就成为全球最大经济体之一。而这里的课程涵盖了国家发展的所有要义。

—— 南南学院毕业生 吴俊诚

在中国的学习，让我懂得了国家的发展最重要的是要找到一条适合自己国情的道路，在南南合作与发展学院的收获是全方位的。在学习体验方面，尤其是在学习中国的经济奇迹、学习中国的城市发展经验，以及学习中国的文化方面，我的收获都非常大。我认为这是一个对我有实际帮助的重要学习项目。

—— 南苏丹内阁事务部总统办公室部长、南南学院毕业生
阿万·里克亚

在中国经济飞速发展的进程中，有机会近距离观察中国的发展经验，学习中国的发展道路，令我备感荣幸。中国经验令我受益匪浅。尽管世界上不存在一个万能的方式和道路，但我相信，在中国学到的经验有助于我对尼日利亚经济发展作出积极贡献。

—— 尼日利亚副总统办公室特别助理、南南学院毕业生
柯沃勒·欧莫勒

39 中捷中医中心：
让捷克人体验东方神奇

东方既白，晨曦微露。中捷中医中心门诊部的练功房内，一群患者在关鑫医师带领下练习着中医体系中特有的桩功。双目垂帘，虚领顶劲，精神内守，听气下沉。《黄帝内经》里说："有真人者，提携天地，把握阴阳，呼吸精气，独立守神，肌肉若一，故能寿蔽天地，无有终时。"正如关鑫医师所说："古老东方文化的传承是一种信仰，能有幸融入其中是一种妙不可言的缘分。"

作为在布拉格举办的中国－中东欧国家卫生部长论坛的配套活动之一，中

| 图为关鑫医师带领中心患者们练习桩功

捷中医中心于 2015 年 6 月 17 日举行了揭牌仪式。查理大学赫拉德茨－克拉洛韦医院与上海曙光医院共同签署了旨在建立中医中心，开展中医药领域合作的备忘录。中捷中医中心成为中东欧地区首家政府支持的中医中心、"一带一路"框架下重要的医疗合作项目。

中捷中医中心自 2015 年 9 月正式开诊起，就受到捷克当地民众的广泛关注和欢迎。由于中医的疗效显著，中心的中医诊治服务供不应求，新患者预约就诊通常因排队人数众多而需要等待半年至一年的时间。与大多数欧洲国家一样，中医目前尚未纳入捷克的医疗保险体系，患者选择中医意味着要自掏腰包。然而，中医的神奇疗效使他们感到物超所值。

揭牌开诊两年多以来，中捷中医中心医疗团队已接诊捷克患者 8000 多人次，不仅让当地人收获了中医治疗的非凡疗效，还让他们领略到博大精深的中医药文化及养生哲学。中心门诊部有两个诊室，一周 5 天门诊，开诊初期，每天接

▍图为中捷医师合作对患者进行诊断

诊 8 - 10 名患者，此后慢慢变为每天接诊 3 - 4 名初诊和 15 名复诊患者。如今，中医完全融入了当地，患者们和这些来自文明古国、施展"绝技"的中医师也慢慢熟络起来。

捷克前副总理别洛布拉代克说："西医往往从患者的病症表面入手，中医则能够精准地找到病因，从根本上解决问题。许多捷克人都对中医感兴趣。"通过诊疗实践和宣传推广，捷克民众越来越多地了解中医接受中医，2017 年捷克通过法律，确认了中医的合法地位。2017 年 2 月底，中捷中医中心大楼建设项目正式启动，将科研、教学及诊疗集于一体，为捷克及周边国家提供中医治疗方案和诊疗服务。

中捷中医中心医疗团队由上海中医药大学附属曙光医院派出的 2 名中医师、赫拉德茨·克拉洛韦医院派出的西医师和护士、中捷语翻译人员组成。一名新患者就诊，先由捷克医师记录病情、病史，向中医师报告并提醒治疗过程中需要注意的风险。中医师则通过"望、闻、问、切"四诊合参进行诊断，然后制定出合理运用针刺、拔罐、草药、导引和按跷等传统中医方法的治疗方案。

由于中医疗效"神奇"，中捷中医中心的中医诊治服务供不应求，不少患者同时对中国的养生文化产生了浓厚兴趣。于是这里也成了中医普及推广中心，中医师会向患者建议找些中医方面的书籍来学习，这比到医院做一次针灸、拔一次火罐更有益。向患者推广一些中医养生的理念和知识，既是对中国优秀传统文化的传播交流，更让捷克人民通过学习中医养生而变得更健康。

中捷双方启动了"针灸治疗偏头痛"的研究工作，上海中医药大学附属曙光医院的专家还与赫拉德茨·克拉洛韦大学医院的专家共同就肿瘤、多发性硬化症和疼痛治疗等进行中西医对比研究，计划几年后建成集科研、教学及诊疗于一体的综合性中医中心。

2016 年 3 月的一天，曙光医院针灸科副主任医师王波像往常一样在中捷中医中心门诊部忙碌着。与往常不同的是，除了谈论病情和治疗，患者还特别向王波提起中国国家主席习近平访问捷克的消息。"在此之前，他们从未对中国如此关注过！"身为中国人，王波也异常兴奋。

捷克患者流露出来对中国的关注和对中国医生的感激，是发自内心的。作为中国国粹，中医也将造福越来越多的捷克人民，并成为捷克人民了解中国的窗口。

传统医学是各方合作的新领域，"健康丝绸之路"就是要改变以往模式，合作建设中医医疗机构，充分利用传统医学资源为各国人民健康服务。中捷中医中心以中国上千年的岐黄之术为纽带，用中医师手中那一枚小小的金针，激活中捷两国"一带一路"合作的运行脉络。

项目意义

1. 推广中国医药，开展国际医疗卫生合作的范例。中国始终是推动全球卫生合作的坚定力量，积极参与援外医疗行动。中捷中医中心是两国卫生合作的重要成果。除了治疗病患，中心还肩负着推广中医的任务。在中捷中医中心，不仅有中医诊疗，还会让捷克的医生来这儿学习中医，提高他们的中医水平，并向当地医保部门证实中医临床疗效，争取把中医纳入捷克的医疗保险范畴。

2. 推动文明互学互鉴，造福世界人民的典范。中捷中医中心，是捷克乃至中东欧国家第一所由政府支持的中医中心，具有里程碑意义。中心的良好运营，将为推进现代医学和传统医学的相互交融，中西方文化的互学互鉴发挥有益的作用。中医中心不仅为患者提供诊疗服务，也向更多民众展示中华传统文化的魅力和当代中国的活力。

项目点评

在中国，中医被视为国宝，拥有合法地位并有详细科学的分科，得到广大专业人士和人民大众的支持和欢迎。中医在世界上得到越来越广泛的普及，同时也获得了世界卫生组织的支持。现代欧洲医学可以使用中医作为适宜的补充手段来治疗，以减轻患者的某些症状。

—— 捷克前总理 索博特卡

中捷中医中心的成立是两国卫生合作的重要成果，也是两国文化互补融合的典范，捷方愿与中方共同努力，办好中医中心，造福人民。捷克政府非常支持中捷医疗合作，认可中国传统医学。

—— 捷克卫生部副部长 伦卡·普塔奇克娃·麦利赫洛娃

我们希望找到一种能推广到整个中东欧的模式，初期的科研成果将用来与西医的治疗方法进行对比。医院希望了解传统中医在神经科上的效果成果，比如用于治疗多发性硬化症或癌症。应用传统中医的优势来抑制西医及化学药物治疗所产生的不良影响，如疼痛或呕吐等，因为我们知道传统中医在这方面可提供帮助。

—— 赫拉德茨·克拉洛韦医院院长 普里穆拉

我在半年前患上了膀胱炎，有时还会便血，服用了 6 次抗生素都没有改善，情绪十分低落。来到中医中心，关鑫医生用针刺、中药结合导引术，只治疗了 5 次，所有指标都已恢复正常，人也精神多了。我完全被中医的神奇疗效所折服，衷心感谢中国人民。

—— 患者 艾琳娜女士

▌图为 2017 年塞尔维亚国际产能合作质量管理培训班开班仪式合影

40 国际产能合作培训班 正在成为项目的人才"摇篮"

　　2017 年 7 月，美丽的多瑙河畔，塞尔维亚的斯梅代雷沃钢厂一派热烈的气氛，塞尔维亚国际产能合作信息化建设海外培训班举行开班仪式。这是为打造"一带一路"沿线国家国际产能合作的标志性项目，中国政府为中国河钢集团有限公司（简称河钢）塞尔维亚公司量身订制的 8 期培训班中的一期，全部培训班共培训员工 1520 名，内容涵盖生产工艺的全流程，覆盖钢厂全业务链条的主要岗位。

　　河钢 2016 年 4 月收购斯梅代雷沃钢厂后，认真分析企业生产经营实际，开始着手制定员工培训方案。由中国商务部主办，商务部国际商务官员研修学院、国家发改委宏观经济研究所、河北经贸大学承办，河钢协办的 2017 年塞尔维亚国际产能合作培训班项目分为 8 期举行。其中 5 期在中国举办培训，内容包括质量管理、人力资源管理、现场管理、新品种开发和能源管理。3 期在塞尔维亚培训，内容包括铁钢轧全工艺流程、设备改造和信息化建设。项目涉及培训塞尔维亚政府、高校及河钢塞尔维亚公司员工 1520 人，河钢直接参与交流技术专家等 113 人。

2017 年 5 - 6 月，塞尔维亚国际产能合作人力资源管理研修班、现场管理培训班先后在河北经贸大学举办，每个班均由来自塞尔维亚的 20 名学员组成。

项目意义

1. 提升了当地钢厂的生产经营效率。培训项目将河钢集团的先进经验和理念导入河钢塞尔维亚公司，解决了当地企业在生产工艺技术和管理方面存在的实际问题，有效助力当地企业实现全面扭亏目标。通过系列培训，特别是 5 期来华培训，让一百余名生产技术管理骨干，亲身感受河钢集团在钢铁生产方面的先进性，极大增强了外方员工的自信心，也促进了河钢塞尔维亚公司的凝聚力。

2. 树立了中国企业的国际形象。系列培训受到塞尔维亚社会各界高度关注，塞方各级政府、中国驻塞大使馆和经商参处给予了大力支持。塞方政府代表多次出席在当地举办的开班仪式并致辞。相关培训活动还受到当地媒体关注，有力地提升了当地社会对中国企业的认同感。

3. 促进了中塞两国人民的友谊。在培训交流中，塞方员工感受到了中国发展速度和成果，体会到了中方热情接待和周密安排，促进了中塞两国民心相通。一名叫扎克的学员在结业仪式上说："从此塞尔维亚多了 20 名中国民间大使"。

国际产能合作培训班既有效提升了塞尔维亚员工的技能，也增进了中塞双方员工的相互认同与融合，促进了两国的交流与友谊，对"一带一路"国际产能合作项目起到了人才"摇篮"的作用，具有较强的示范性。

首先，加强沟通组织协调，保证对口专业交流的有效性。河钢集团主要领导牵头，建立组织协调机制，调动全集团资源，挑选经验丰富、理论性和实践性较强的专家。每期培训前，相关部门都会与塞尔维亚学员沟通培训需求，保证与河钢塞尔维亚公司各部门"对口专业交流"，全面、系统、重点突出地执行培训计划。

其次，培训形式灵活多样。根据不同主题特点，河钢集团为学员准备了科学系统、丰富多样、形式灵活的交流活动，既有一对多讲解，也有一对一交流。在交流中国经验的同时，也注意吸收借鉴塞方优秀经验，提高了学员的积极性和学习效果。

| 图为 2017 年塞尔维亚国际产能合作信息化建设海外培训班开班仪式

图为 2017 年塞尔维亚国际产能合作质量管理培训研修班学员来河钢唐钢参观交流

除课堂上的交流学习外，培训班还为学员安排了现场实践活动，个别专业还安排了跟班生产，以便让学员将理论与实践相结合，更容易将所学运用到日常生产中。此外，还派技术专家深入河钢塞尔维亚公司生产线上开展调研和诊断，组织有针对性的交流和教学。

第三，注重传播优秀中华文化，促进民心相通。培训组织团队不仅传播先进的技术管理经验，而且注重传播优秀的中华文化。培训项目安排了一定数量的中国国情和历史文化课程，并安排历史文化遗迹游览；赴塞专家在技术交流或日常交流中，也注意融入中华文化元素。

在国际产能合作的过程中，中国不仅为项目所在国带来了资金、技术及基础设施等，更重视帮助提高当地经济、产业及企业的发展水平。举办国际产能合作培训班是中国政府推进国际产能合作的创新举措，为中国优势产能走出去提供了重要支撑。

培训班项目的实施，帮助当地人民获得了实实在在的发展能力，而这对于有一定工业基础并需产业升级的中东欧国家来说，有着重要的现实意义。随着一期又一期培训班的举办，河钢塞尔维亚公司的管理水平、技术能力提升了，中国与塞尔维亚间友谊的纽带也更紧密了。

项目点评

塞尔维亚的基础设施建设获得中国的鼎力支持，除了投入资金，对塞尔维亚来说更重要的是中国的经验和技术。中国有句古话叫"授之以鱼不如授之以渔"，相信中国为钢厂员工举办的培训班能够实现斯梅代雷沃钢厂在技术上与世界同步。

——塞尔维亚经济部国务秘书 特里武纳茨

钢厂项目是中塞合作的样板工程，是两国人民友谊的见证，是双方共同孕育的新生命，而培训班将为钢厂的茁壮成长增添新动力。

——中国驻塞尔维亚大使馆政务参赞 田一澍

培训班将进一步提高河钢塞钢人力资源管理水平，同时增进中塞两国之间的友谊，为推动"一带一路"建设发挥积极作用。我们将珍惜此次学习机会，做促进中国和塞尔维亚友好关系的使者。

——河钢集团塞尔维亚公司培训学员 兰科维奇

41 "友谊宫" 搭建起中越交流新平台

对于河内人来说，十月的连日阴雨意味着酷暑的结束和新季节的开始，而对奋战在越中友谊宫的建设者们来说，情况却不能更糟了。2017 年 10 月 11 日，距离越中友谊宫最后验收的日子只剩十余天，越中友谊宫项目的建设工地上，内部装修已基本完成，还需完善室外绿化和场地清理，但阴雨绵绵，道路一片泥泞，让工程进度放缓下来。

"要与天斗，与环境斗，与一切存在的困难斗，因为我们代表着中国和中国企业的形象，不辱使命！"云南建设投资控股集团有限公司（简称云南建投集团）越中友谊宫项目负责人陈志激动地说。

图为飘扬着中越两国国旗的友谊宫入口

2017年10月底，越中友谊宫项目在越南河内举行的竣工验收末次会上被评定为优良等级。该项目建成后，既能满足高层次的访谈会晤和大型文化交流，也能为民间友好交流和文化互融互通提供保障。

"项目上年轻人非常多，从2014年12月到现在，他们的家里共有6个宝宝出生。其中有3个出生的时候，作为父亲的他们都没有办法赶回去，还有3个赶回去的，基本都是踩着点儿，听到家人住院了才往国内飞，回去不到10个小时，宝宝就出生了。"陈志感慨地说。

与家人的分离仅仅是陈志等援外人员的苦恼之一，对于想把这个工程做成示范精品的他们，克服施工中的困难才是最头疼的。一是现场环境的制约，周围2公里内租不到场地来存放物料，只能干一点儿挪一点儿，要反复衡量材料的使用和存放；二是天气问题，友谊宫的主体施工和装修设计都是在6－8月份的高温天气进行的，时常遇到连续暴雨，工人到这里会因为中暑而严重降低效率；三是为了确保质量，项目团队选择最好的材料，运输加上越南特殊的通关规定，材料的组织时间最短两个月，一般情况需要四个月，常常面临"没有粮草"的困境。

据云南建投集团分管海外工程项目的副总经理马德介绍，项目大空间和大跨度的复杂几何空间，高标准、高质量及高水平的定位要求，加之设计施工有效时间短，项目的技术难度和管理组织难度都高于同类常规项目，工作人员在施工过程中边深化设计，边确认完善。

"项目能评定为最高等级，不仅凝结了施工方、设计方和监理方的心血，更是越方各界人士和中国商务部、中国驻越大使馆经商参处等共同努力推动的结果。"马德说。

越中友谊宫不但是重要庆典、外事礼仪接待的重要平台，其设置的中医理疗室、中文学习室等馆室也为强化两国文化互容互通提供了场所，成为"一带一路"成果性项目。

首先是项目得到了两国政府高度重视。该项目分别于 2015 年 11 月和 2017 年 1 月、5 月三次写入《中越联合公报》。从项目奠基到施工建设越方都高度重视，当地主流媒体多次报道。在施工建设过程中，越方选派了当地专家对项目进行"旁站"交流，见证了我国的新材料、新工艺和新科技，还提出相应的意见和要求。

其次是采用了绿色环保的建筑理念和先进施工技术。项目验收组对越中友谊宫项目的雨水收集利用系统、生活污水生化处理系统、屋面太阳能发电及储能利用系统给予高度评价，认为这三个系统是宣传中国环保绿色工程理念的重要载体。

项目施工期间，从技术到普通工人层面都选用了不少当地人员，沙石、混凝土、水泥等大量建筑用料均采购自越南本地，一定程度上带动了当地经济和就业。

其三是充分顺畅的沟通确保了项目的顺利完成。自越中友谊宫项目建设全面铺开以来，坚持"一国一策"和"属地化"的管理思路，在完成好项目建设的前提下，双方经过沟通协商，实现了劳务人员和物流运输两方面的突破。

根据越南相关劳务法律及政策规定，外国劳务人员不得在越南工作。然而，为确保工程施工质量，技术组多次与越友联沟通协调，越方最终特别允许中方技术人员进入越南参与建设，由越友联审批后报越南劳动部办理劳动许可，越南出入境管理局办理工作签证。项目及时组织抽调高水平的中国技术工人，保证了在工期极紧、任务极重的条件下技术人员充分就位。

在物流运输方面，项目涉及的法规及操作流程均要"摸着石头过河"。在友谊宫管委会和越南中国商会协助下，施工企业首先理清了对越南物流市场、越南援助 ODA 项目物资进口申报流程，对中越陆路口岸（河口、凭祥）展开了深入调查，并根据友谊宫项目建设物资采购或产地特性，确定了物流运输组织路线，理顺了越方办理相关程序的通道。从 2014 年到 2017 年，超过 100 批的物资源源不断地从中国运到越南河内。

项目概况

越中友谊宫项目是中国政府对越无偿援建项目，由中国商务部和越南友好组织联合会代表两国政府组织实施，中国铁路设计集团设计，云南省建设投资控股集团承建。于 2003 年 10 月立项、2004 年奠基、2015 年 3 月正式开工，历经提升功能定位、提高装修档次、重新设计报批等程序后，竣工时间为 2017 年 10 月底。

越中友谊宫项目将成为越南重大庆典、外事礼仪、文化交流的重要平台，可以满足大型综合类演出，兼顾大型音乐会、会议使用需求。项目中部为剧院部分，有主会堂大厅、展厅、舞台和可容纳 1500 人观演的观众大厅，西侧、东侧包括多功能厅、会议室、休息及办公、贵宾室、图书室等。

越中友谊宫位于越南河内黎光道，总占地面积 3.3 公顷，总建筑面积 1.4 万平方米。整个建筑为外圆内方的莲花造型，圆环象征中越两国人民对团结的向往；莲花是越南的国花，表达两国文化交流源远流长、友谊长存。

据项目负责人介绍，工作过程严格遵守当地法律法规及文化习俗，强调跨文化交流。越方向项目派驻了相应的管理团队和专家组，中越双方倡导技术无国界理念，工作上遇到的问题都能得到及时化解。

2017 年 11 月 12 日，中国国家主席习近平出席越中友谊宫落成移交仪式，亲自将这一凝聚了中越双方心血的项目移交给越方。

友谊宫迎宾大厅的大型壁画由中国中央美术学院壁画系创作，主题是"山水相连，友谊长存"。壁画上部的铜鼓，象征两国文化的源远流长；中下部集合了两国相近的植被和风貌，两侧分别设计了两组载歌载舞的人物形象，象征中越两国渊源深厚、民心相通。越南与中国依山带水紧密相连，两国人民在长期的交往中互相支持，友谊源远流长。高质量、高水平、高标准的越中友谊宫既是"一带一路"示范性援助项目，也是两国学习交流的友好大平台。

项目点评

越中友谊宫是一个特殊工程。大家来越南不仅是为完成项目，更是完成一项国际团结的任务。作为业主方，我对项目圆满完成充满信心。越南从国家领导人到政府各级部门均十分关心项目进展，越友联将与各有关部门加强协调，为项目顺利实施创造最便利的条件。

—— 越南友好组织联合会主席 武春鸿

越中友谊宫项目是中国政府无偿援助越南的大型文化工程项目，是两国传统友好合作关系的一个生动体现。

—— 越南计划投资部前副部长 高曰生

项目质量不但符合优良标准，而且履约良好，项目资金管理合法、安全可靠，施工安全和文明施工符合相关标准规定，援外标识落实情况良好。

—— 项目验收组专家团队

42 用"细致"将弗罗茨瓦夫防洪工程建成"样板"

在素有"波兰威尼斯"之称的波兰第四大城市弗罗茨瓦夫,奥德河穿城而过,各种满载欢声笑语的游艇不时往来穿梭,为这座城市增添了无穷的魅力……然而 1997 年,一场特大洪水导致这座城市约 70% 面积浸泡在水中;2010 年,持续的强暴雨又令数千条鲜活的生命永远逝去。如何增强城市排水防涝能力,一直是当地政府市政建设的重中之重。

2012 年 9 月 26 日,波兰弗罗茨瓦夫地方水利管理局发出中标通知书,将奥德河防洪系统工程第 3.2 标段——弗罗茨瓦夫分洪河道整治工程授予中国电建集团下属中国水利水电第十三工程局有限公司(以下简称水电十三局)。该工程 2012 年 11 月开工建设,2016 年 10 月下旬全部正式交工。通过修复船闸、扩宽河道、翻新堤岸,弗罗茨瓦夫市的抗洪能力极大增强,奥德河上的几处航道通航能力提升到Ⅲ级,最大可通航千吨级船舶。

伦济桥下,崭新的绿漆闸门闪着荧荧亮光,横立在河面上。奥德河变美了,弗罗茨瓦夫市的抗洪能力也从 50 年一遇提升至 100 年一遇。而该项工程作为水电十三局依靠自身实力在欧盟市场竞标获取的第一个项目,对进一步开拓欧盟高端市场也有着深远影响。弗罗茨瓦夫防洪工程项目在施工前期,存在设计图纸与现场实际不符、现场的实际情况与招标合同文件不符、不可预见的现场地质情况、业主方新增大量工作等种种困难,同时还要面对来自外部市场环境的压力,施工进度面临巨大阻力。

当时,有一位波方工程师甚至在现场会上说,"你们肯定干不了,还是主动终止合同吧。"而中国企业不断加大各项资源投入,抢工期、赶进度,项目

最终顺利交付，赢得了当地市场及媒体的关注，树立了中国公司在波兰市场的形象。

提到项目遭遇的一系列困难，水电十三局国际公司副总经理兼欧洲部总经理季奇感慨万千："当大家都确信你是有实力的公司，你是值得信赖的人，他们就会帮你寻找解决问题的办法。"

除了克服种种困难，这次工程最大的特点就是"细致"：防洪工程河道清淤工作面大，精度要求也更高。为了控制施工质量，水电十三局引进了最先进的 GPS 控制开挖技术。即将 GPS 传感器安装在挖掘机上，根据主机显示屏中 3D 呈现的挖掘机挖斗位置，挖掘机操作手可以实时调整并控制挖斗的开挖深度，而不必再凭感觉进行操纵，确保了挖掘的精准性。

在项目实施过程中，充分考虑了多方细节和综合因素。比如，为了抵御河水的冲刷，水电十三局在堤岸铺上土工布，铺筑了堆满石头的格宾网笼，再用沙子填缝，铺上腐殖土，最后撒上草籽种植草皮，不仅提升了护坡的排水性，还达到了美化景观的效果。

值得一提的是，施工过程中的生态环境保护也可谓做到了"极致"。施工前，中国企业专门对工地的珍稀植物进行移植，而且强调要保持植物活体状态。业主在文件里提到，河道里有一种珍稀蚌类，水电十三局就专门请来环境工程师挖出这些蚌，迁移到附近淤泥里。

动工前夕，项目工作人员又在河道里发现一种蛹，这种蛹变身的蝴蝶是当地受保护的野生动物。他们就请专业公司来拍照制图，然后在附近河道里布置相同的周边生态，把蛹放进保温箱里挪过去。

水电十三局欧洲经理部副总经理井乐炜介绍，为了保护河中的鱼儿，施工部门在河道一侧平缓低矮处修建了一条阶梯状鱼道，供鱼儿洄游；底部仿造河底的构造，铺设了直径 10 到 20 公分的鹅卵石。从下游到上游，每隔约三米就建造一排 3 个直径约 50 公分的混凝土立柱。"鱼儿逆流而上，游累了，可以在立柱旁的缓冲区休息一下，恢复体力。"

应弗罗茨瓦夫市地方水务管理局要求，中国企业在修缮一幢有上百年历史的砖房时，最大程度地保留了原始建筑风格材料。"我们要对新木头进行做旧处理，让它产生裂纹，看起来像原始的旧木头一样。"井乐炜介绍说。

运河河道旁，红白砖砌成的一座二层楼房的船闸控制室里，波兰籍管理人员马特乌什一边监视着屏幕上的实时监控信息一边说，"河道被'装修'得更美了，周末往来的游船明显比过去多了不少。"

运河"颜值"提升，成为新的旅游休闲景点，周边地区也跟着沾了光。尽管该地段位置较偏僻，周边房价仍从运河修缮前的 4000 - 4500 兹罗提／平方米上涨到 5000 - 6000 兹罗提／平方米。

2016 年 6 月 20 日，中国国家主席习近平访问波兰。中波双方签署信息互联互通、园区和基础设施建设、产能、教育、文化、税务、质检、海关、航天

图为波兰弗罗茨瓦夫防洪项目南船闸通航

等领域的 34 个合作协议，总金额逾 60 亿欧元。弗罗茨瓦夫河道防洪项目的成功建成，是中国企业走进欧洲基建市场的新起点，将带动更多中国企业来波兰承建基础设施和民生工程，参与波兰乃至欧洲的城市建设。

因为这个项目，中国电建被弗罗茨瓦夫市地方水务管理局称为"在波兰非常值得信赖的国际承包商"。未来，"一带一路"与"琥珀之路"相连，会打开更广阔的市场，促进优势互补，切实惠及两国人民。

项目概况

项目由中国电建集团下属水电十三局体负责实施，由世界银行、欧洲央行及波兰政府共同出资，金额8863万美元。

2012年9月，水电十三局中标弗罗茨瓦夫分洪河道整治工程中的3.2标段，包括5号、6号和7号3个工区，是弗罗茨瓦夫防洪工程4个标段中最大的一个标段。

主要施工内容包括河道疏浚拓宽、堤岸改造、上下游船闸机械和电气部件的改造升级、伦济坝南北两座船闸的升级改造，以及修建新进水口结构、鱼道等构筑物。项目旨在提高弗罗茨瓦夫的城市抗洪能力。

2014年12月17日，弗罗茨瓦夫防洪主体工程之一的南船闸通过验收。2016年12月，项目竣工并交付使用，成为中资企业在波兰首个竣工的公共工程承包项目。

图为波兰弗罗茨瓦夫防洪项目

项目点评

弗罗茨瓦夫河道防洪项目对当地而言意义重大，按期完成项目涉及双方共同利益，省政府愿继续给予积极帮助和支持，为双方合作创造良好环境。

—— 波兰下西里西亚省省督 斯科鲁帕

这是中国基建企业在波兰成功完成的第一个项目，有力地维护了中国公司在波兰的形象，为中资企业承建更多波兰的基建工程发挥了示范作用。

—— 波兰国际问题研究院分析师 达米安·乌努科夫斯基

我的中国同事都有非常丰富的施工经验，每当我遇到复杂情况时，他们总会和我一起寻找解决问题的最佳方案，所以我们总能如期完成工程。

—— 中水电弗罗茨瓦夫防洪工程施工现场负责人 鲍威尔·卜迪思

中方项目人员训练有素，严格遵照业主的指示和城市整体规划来设计工程，工程质量也很棒。这一点，甚至比欧盟一些企业做得更好。

—— 中水电弗罗茨瓦夫防洪工程质检员 达米安·盖伊

43 传统医药研究培训中心：
"健康丝绸之路" 的最好实践

在山地之国尼泊尔，哈利仕是当地远近闻名的中医专家，跟中国渊源颇深，上个世纪 80 年代从北京中医药大学学成归国，成为尼泊尔第一位中医硕士，他的女儿和儿子都在北京大学医学部读书。

说起中尼在传统医学方面的合作，哈利仕表示，尼泊尔也有传统医学，但与中医学相比，尚缺乏完整的理论体系。"尼泊尔人对传统医药认同程度很高，十分认可传统医药对治疗慢性病的疗效。传统医药相对西医收费便宜，而且所用药物也容易买到，75% 尼泊尔人生病时都愿意到尼医或中医就诊。"哈利仕说，无论是中医理论还是中医临床，中医药在尼泊尔都面临着发展机遇，中医针灸、推拿、拔火罐等治疗方法及中成药可以在尼泊尔直接应用，有着良好的发展前景。

哈利仕认为，中尼双方需要进行专业知识交流和人员培训，共同甄别、归类和确定草药的品种和药效。提及中国政府援助兴建尼泊尔传统医药培训中心（简称培训中心）的事情，哈利仕显得十分兴奋。

2008 年 9 月，中国政府无偿援助培训中心项目施工合同签署。2009 年 2 月，培训中心项目开工暨奠基仪式在尼首都加德满都特里布文大学举行。 2011 年，建筑面积 6436 平方米的培训中心建成并交付尼方。

2015 年 4 月 25 日 14 时，尼泊尔发生 8.1 级强烈地震。经过这场地震，培训中心整体外观完好无损，外墙几无裂缝，门窗及玻璃完好，主体结构完整稳固，梁柱未发现裂缝，仅室内墙身有极个别轻微裂缝，散水及地面连接处有少数裂缝。

2016 年，中国政府为培训中心提供一批医疗和教学设备。尼泊尔卫生和人口部秘书施雷斯塔表示，这批设备显著改善了获捐赠医院的医疗和教学水平。

2017 年 8 月 16 日，中国国务院副总理汪洋在加德满都考察培训中心时说，中尼两国传统医药都有悠久历史，双方要加强传统医药研究及应用合作，中方将继续加大对尼泊尔医疗卫生事业的支持力度。

项目意义

1. 帮助尼泊尔完善医药理论体系。尼泊尔医药分为西医药和尼医药两大类，而尼医药实际上是中医药。与中医相比，尼医药缺乏完整的医学理论体系和系统研究传统医学的机构，尚未形成自己的理论与著作，因此，易于接纳我国传统中医药理论。

2. 拓展传统医药的国际市场空间。尼泊尔人对传统医药的认同度比较高，很多人生病后愿意接受中医治疗，对传统医药需求量很大，且有增长的趋势，而尼泊尔中草药加工产业生产技术落后，远不能满足国内需求，其 80% 的药品需要进口，因此，其传统医药市场开发空间巨大。

3. 树立中尼友好合作典范。项目是中尼双方友好合作的又一典范，该项目为尼泊尔传统医药研究开发、临床治疗和人员培训起到促进作用，也通过切实惠及两国人民促进中尼两国民心相通。

| 图为中国援建的尼泊尔传统医药研究培训中心

　　尼泊尔与中国是友好邻邦，自古就有通商往来。近年来，尼泊尔为发展经济而对其经贸政策进行大幅度调整。目前，在尼投资、开发研制、生产传统医药，都属于尼政府鼓励和优先发展的领域，具有良好宽松的中药贸易环境。

　　尼泊尔政府对中医药发展非常重视，除加大对中医药领域的投资外，还放宽外资投资政策以支持和鼓励中医药发展。不仅对传统医药企业给予优惠政策，而且还实施了 24 项鼓励外资投资的措施，例如外资企业工业收入所得税不高于20%；在现行所得税法基础上，允许外资企业增加三分之一折旧；外资企业出口所获收入免所得税；如使用 80% 以上当地原材料，并全部雇佣尼泊尔人，从其应缴纳所得税中扣除 10% 等等。此外，尼泊尔还与我国签订了避免双重征税协定。

　　尼泊尔是南亚地区重要的"一带一路"国家，传统医药研究培训中心秉持"互利共赢"理念，不仅为尼泊尔人民解除病痛，而且开展深入广泛的传统医药研究培训活动，为传统医药在尼泊尔的深入发展奠定了广泛而坚实的基础，显著提升了尼泊尔医药工作者在传统医药方面的技能。

培训中心是"健康丝绸之路"建设的实践性项目。它不仅提升了当地民众医疗卫生和健康水平，也搭建了中医药学与尼医药学的交流平台，更成为两国民心交流互通、文明互学互鉴的平台。

项目点评

古老的中医药学是中国传统医学瑰宝，有着悠久的历史。中医药在现代社会的应用也已经证明了其科学性和有效性。希望中国积极帮助尼泊尔开发传统医药，为尼泊尔人民解除病痛。

—— 世界卫生组织驻尼代表 亚历山大

中国的援助对尼基础设施建设和国民经济的发展起到了重要作用，希望中尼在医疗卫生领域的合作有更快发展，中国能够提供更多援助。

—— 尼泊尔卫生和人口部长 波克雷尔

中国援助对促进尼社会经济的发展起到巨大作用，尼政府和人民感谢中国政府和人民的援助和支持，希望两国继续发展友好合作关系。

—— 尼泊尔总行政部代理秘书 吉米莱

44 中澳自贸协定：
让制度创新的红利惠及两国人民

伯纳德·怀特 2013 年从澳大利亚国会众议院办公室退休，开始在离堪培拉 140 公里的地方经营家庭农场。农场面积 810 公顷，养了 2200 头美利奴羊和 200 头牛，每年可产出 1 – 1.2 吨美利奴羊毛，其中 75% 出口到中国。怀特说，中澳自贸协定生效后，2016 年，他的农场羊毛产量比 2015 年增长了 50%，牛也卖出了更好的价钱。

最近，他开始张罗着为农场加盖棚子和围栏，购入更多机械和化肥。怀特的儿子更是雄心勃勃，想在农场里种植葡萄，准备过几年向中国出口葡萄酒。这是因为中澳自贸协定生效实施一年多以来，他的农场收入显著增加，有足够财力对农场进行投入。

2014 年中国国家主席习近平访澳期间，中澳实质性结束自贸协定谈判。2015 年 6 月，中澳自贸协定正式签署，2015 年 12 月 20 日正式生效，两国开始实施第一步降税措施。11 天之后，即 2016 年 1 月 1 日，双方开始实施第二步降税。2017 年 1 月 1 日，双方第三轮降税展开。同年 3 月，在李克强总理访澳期间，中澳双方宣布启动中澳自贸协定服务、投资章节以及《中澳关于投资便利化安排的谅解备忘录》的审议。

中澳自贸协定生效前，中国已经对羊毛实行配额内零关税，但在世界贸易组织框架下实施 28.7 万吨的关税配额。中澳自贸协定生效后，自 2016 年 1 月 1 日起，在世贸组织配额之外，澳大利亚还可以获得 3 万吨羊毛的国别免税配额。国别配额量还将以每年 5% 的幅度提高，到 2024 年将达到 44324 吨。

中澳自贸协定生效后，澳大利亚的牛肉、葡萄酒、水果等产品进入中国的关税开始下降，澳大利亚产品进入中国变得更加便利。

中澳自贸协定生效前，中国是澳大利亚葡萄酒的第二大出口目的地，而自贸协定生效后，中国成为了澳大利亚葡萄酒最大出口市场。到 2019 年，中国对澳大利亚葡萄酒征收的关税将降为零，因此，澳大利亚在与其他葡萄酒大国竞争中将获得重大关税优势。

一家专门向中国出口澳大利亚优质环保消费品的公司负责人说，近年来，中国消费者对优质、健康、环保消费品需求不断增长。中澳自贸协定的签订，降低了传统贸易的成本。以澳洲产的洗碗液为例，中澳自贸协定实施之前其关税为 10%，2015 年 12 月自贸协定实施之后，关税降为 8%，2016 年 1 月 1 日起降到 6%，2017 年 1 月 1 日起再降到 4%。这使得公司能够下调部分产品零售价，让产品从中国的高端超市进入大众超市，同时，2016 年的销售额增长了 150%。

中澳自贸协定实现了"全面、高质量和利益平衡"的目标，是中国与其他国家已商签的贸易投资自由化整体水平最高的自贸协定之一，是中国在亚太地区通过政策沟通实现互利共赢的典范。

首先，让澳大利亚优势产品大量进入中国市场。中澳自贸协定在内容上涵盖货物、服务、投资等十几个领域。据澳大利亚国际经济研究中心初步预测，中澳自贸协定将拉动澳大利亚 GDP 增长 0.7 个百分点，拉动中国 GDP 增长 0.1 个百分点。

农业在贸易谈判中一直是最为敏感的领域。澳大利亚是农业强国，农产品种类丰富、质量上乘，因此竞争力比中国产品高出不少。中澳自贸协定在农业领域达成谅解，中国对一些农产品取消关税的期限长达 15 年。对一些比较敏感的农产品，采取关税配额方式。对于更加敏感的产品，则实施特别保障措施。中澳自贸协定达成后，中国有税目数 3% 的产品关税不降为零，其中大部分为农产品。

| 图为 2017 年 2 月 20 日,澳大利亚屠宰肉牛顺利抵达山东荣成石岛新港,标志着中澳自贸协定签订后屠宰肉牛贸易进入实质性阶段

中澳自贸协定生效两年多以来,中国市场出现了更多优质的澳大利亚牛肉、奶制品、葡萄酒、海鲜、水果等产品,中国消费者对高端产品的差异化需求得到了更好的满足。

其次,扩大中国优势产品对澳出口。中澳自贸协定实施后中国对澳出口占中国总出口比重预计从 1.7% 提高到 2.1%。中国对澳出口增加潜力较大的产品主要为纺织品、服装、皮革制品、电子和机械设备、钢铁和金属制品、矿产品、化工产品和交通运输设备等。

中澳双方各有占出口贸易额 85.4% 的产品在协定生效时立即实现零关税。减税过渡期后,澳大利亚最终实现零关税的税目占比和贸易额占比将达到 100%;中国实现零关税的税目占比和贸易额占比将分别达到 96.8% 和 97%。澳方承诺 5 年内中国对澳出口所有产品关税降为零,中国的一些劳动力密集型行业产品将从中受益。

据测算,中澳自贸协定的实施将使中国对澳大利亚出口的产品获得 16.6

亿美元的关税减免，协定生效时即可获得 10.2 亿美元的减免（占减免总额的 61.5%），协定生效 3 年内可获得 16 亿美元的减免（占减免总额的 96.4%）。中国享受关税减免额度较大的产品主要有服装和皮革、电子和机械产品、其他制成品、钢铁和金属，以及化工产品等，减免金额为 15.3 亿美元（占减免总额的 91.9%）。

第三，加强了中澳在服务贸易领域的互利合作。澳方承诺自协定生效时对中方以负面清单方式开放服务部门，成为世界上首个对中国以负面清单方式作出服务贸易承诺的国家，中方则以正面清单方式向澳方开放服务部门，为中澳双方互相发展服务业提供了制度性安排和保障。

澳大利亚具备相对健全的养老体系，拥有先进的服务理念和管理经验，通过中澳自贸协定，澳大利亚养老服务提供者在华设立外资独资的营利性养老机构，澳方业务的扩展，有助于推动国内养老产业的稳步发展，更好地满足民众对养老服务的需求。

中医师、中文教师、中国厨师和武术教练等四种中国特色职业人员将更容易前往澳大利亚，澳方每年给予这四种特色职业人员 1800 人的入境配额。根据中澳双方签署的假日工作签证安排，澳方每年还将为中国青年赴澳提供 5000 人的假日工作签证。

根据同时签署的投资便利化安排，澳大利亚还将为符合条件的中国投资项下工程和技术人员赴澳提供便利，以解决困扰很多在澳中资企业的技术人才短缺问题。

第四，双方同意相互给予投资最惠国待遇，将促进双方双向投资增长。澳方给予中方大体相当于其给予美国、韩国和日本等贸易伙伴的高水平投资待遇，并以负面清单方式列明。澳方还大幅降低中国私营企业赴澳投资审查门槛，投资免审标准从 2.48 亿澳元调整为 10.78 亿澳元，将帮助那些有意向在澳投资的中国企业获得更多机会。

中澳同为亚太地区重要国家和全面战略伙伴，近年来两国高层交往密切，在贸易、金融、科技、人文、旅游等领域务实合作持续深化，地方交流合作势头良好。中国连续八年成为澳第一大贸易伙伴、第一大进口来源地、第一大出口市场；澳是中国第三大投资目的地，也是中国重要投资来源地。抓住中澳自贸协定实施的机遇，积极探索在能源资源、农牧业、基础设施、金融、科技创新等领域互利合作，将给两国人民带来更大实惠，并为亚太地区合作机制的创新树立样板。

项目点评

中澳签署自贸协定，两国的联系将更加紧密。澳大利亚乐见中国经济的持续增长，这会为澳大利亚和整个亚太地区带来更多的机遇。中澳自贸协定是一个高质量和富有雄心的协定，为两国带来了前所未有的机遇。

—— 澳大利亚总理 马尔科姆·特恩布尔

中澳自贸协定对维持澳大利亚和中国的经济利益至关重要。中澳长期的贸易关系有助于两国的经济增长，中国在未来几十年内仍将是澳大利亚最重要的贸易和投资伙伴。

—— 澳大利亚贸易、旅游和投资部长 史蒂文·乔博

2015年生效的中澳自贸协定为双边经贸关系提供了框架和愿景。围绕基础设施投资方面，中国投资可以以更加合理的方式参与澳大利亚的发展。

—— 澳大利亚中国工商业委员会全国主席 约翰·布伦比

中澳自贸协定对澳大利亚的食品加工业以及澳大利亚农村带来持久、高价值的影响。

—— 澳大利亚农民协会前主席 菲奥娜·西姆森

图为"一带一路"国际合作高峰论坛期间，中国与格鲁吉亚签署自贸协定

45 中格自贸协定：打开中国与欧亚地区自由贸易的大门

2017 年 5 月 13 日，中国与格鲁吉亚自由贸易协定在北京正式签署，被列入"一带一路"国际合作高峰论坛的成果清单。

得知这个消息，格鲁吉亚哈列巴酒庄出口部总经理弗拉西米尔兴奋地说，"我们格鲁吉亚整个葡萄酒行业深感鼓舞，对扩大对华出口、深化与中国同行的合作充满信心。"2016 年，中国从世界各国进口葡萄酒约 6.4 亿瓶，总金额达到 22 亿美元。今后，格鲁吉亚的葡萄酒将以零关税的优惠价格进入拥有 13 亿人口的巨大市场，这将为格鲁吉亚葡萄酒行业提供无限商机，为经济增长提供强劲动力，为格鲁吉亚人民带来实实在在的福祉。

中格自贸协定签订以来，两国在货物贸易、服务贸易、贸易救济等方面合作取得了实质进展，协定文件已履行完各自国内法律程序，于 2018 年 1 月 1 日正式生效实施。

中格自贸协定谈判于 2015 年 12 月启动，2016 年 10 月实质性结束。相比与其他国家的自贸协定谈判，中格谈判历时不到一年，但其间经历了密集的谈判和磋商，包括三轮正式谈判和三次非正式磋商。

两国经济互补性高且经贸合作发展迅速，在自贸谈判中互谅互让，关照彼此的核心关切点，是中格自贸协定得以快速达成的主要经验。

全程参与谈判的时任中国驻格鲁吉亚使馆经济商务参赞刘波表示，两国在推进"一带一路"建设上利益的高度契合，是中格自贸协定谈判能够快速达成的前提条件，中格经贸合作的快速发展则是自贸协定达成的主要推动力。格鲁吉亚政府近年来为振兴经济提出的发展制造业、推进基础设施建设和打造地区物流中心的经济发展战略，与"一带一路"倡议不谋而合，使中格合作具有高度的契合点。

中格经贸关系近年来经历了飞速发展。格鲁吉亚国家统计局数据显示，2016 年，中格贸易额达到 7.17 亿美元，占格鲁吉亚对外贸易总额的 6%，中国已成为格鲁吉亚第五大贸易伙伴。其中，格鲁吉亚对中国出口达 1.7 亿美元，中国成为格鲁吉亚第三大出口市场。

值得一提的是，以生产数量多、质量上乘而闻名的格鲁吉亚葡萄酒出口的显著增长，离不开中国广阔市场的接纳。2016 年，格鲁吉亚对华葡萄酒出口达到 530 万瓶，比 2015 年增长 98%，中国一跃成为格鲁吉亚第三大葡萄酒出口市场。据格鲁吉亚国家葡萄酒协会的统计，2017 年第一季度，格鲁吉亚对华葡萄酒出口量达到 179 万瓶，增速高达 383%，中国开始超越乌克兰成为格葡萄酒第二大出口对象国。

项目概况

2015 年 3 月，中国与格鲁吉亚启动自贸协定可行性研究。12 月，双方签署备忘录，正式启动谈判。2016 年 10 月，双方实质性结束谈判。2017 年 5 月，中国商务部部长钟山与格鲁吉亚可持续发展部部长加哈里亚代表两国政府签署了《中华人民共和国政府和格鲁吉亚政府自由贸易协定》。

协定范围涵盖货物贸易、服务贸易、原产地规则、海关程序和贸易便利化、卫生与植物卫生措施、技术性贸易壁垒、贸易救济、知识产权和合作领域等共 17 个章节，包含了电子商务、竞争和环境等新议题。

根据协定，中格双方对绝大多数货物贸易产品相互实现了零关税。格鲁吉亚对中国 96.5% 的产品立即实施零关税，覆盖格鲁吉亚自中国进口总额的 99.6%；中国对格鲁吉亚 93.9% 的产品实施零关税，覆盖中国自格鲁吉亚进口总额的 93.8%，其中 90.9% 的产品（42.7% 的进口总额）立即实施零关税，其余 3% 的产品（51.1% 的进口总额）降税过渡期为 5 年。

协定对诸多服务部门作出高质量的开放承诺，其中，格鲁吉亚在金融、运输、自然人移动、中医药服务等领域满足了中方的重点关注，中方在旅游、海运、法律等领域满足了格方的重点关注。协定还进一步完善了贸易规则，规定双方在进行反倾销调查时不得使用第三方替代价格，同时明确了未来加强合作的重点领域。

刘波介绍说，为了照顾格鲁吉亚方极为关切的葡萄酒出口关税问题，中方做出了及时让步，给予其立即零关税待遇，放弃此前设定的 5 年过渡期，此举有力地推动了谈判进程。

随着中格合作关系的日益加深，越来越多的中国企业来到格鲁吉亚投资兴业，格鲁吉亚政府领导人充分认识到与中国扩大经贸关系的巨大积极意义。目前，包括中国水电建设集团、中国铁建集团、新疆华凌集团等在内的近 30 家中国企业在格鲁吉亚获得了良好的企业信誉，为改善当地基础设施落后状况、促进经济发展作出了重要贡献。

签署中格自贸协定后，双边经贸关系翻开了新的一页。目前，中国企业在格鲁吉亚经营矿产资源开发、能源、商贸、建材等项目取得了良好业绩，承建的基础设施建设项目进展顺利，呈现出全方位、宽领域、多层次的合作格局。

据格鲁吉亚国家统计局数据，2017 年 1 – 8 月，我国已跃居成为格鲁吉亚第三大贸易伙伴。据格鲁吉亚国家葡萄酒局发布的数据，2017 年 1 – 9 月，格鲁吉亚葡萄酒对华出口增速达 44%，在格鲁吉亚葡萄酒出口前五大国中，中国居第二位，仅次于俄罗斯。在对中国葡萄酒出口大幅增长的前提下，格鲁吉亚国家葡萄酒局 2017 年 10 月中旬预测称，2017 年格鲁吉亚葡萄酒出口将创历史新高。

中格自贸协定的签署将进一步扩大两国乃至中国与欧亚地区国家的互联互通，以中格自贸协定为契机，逐步构筑辐射欧亚、面向全球的自贸区网络，提升贸易和投资自由便利化水平。

项目意义

1. 成为中国与欧亚地区国家商签自贸协定的重要参照。格鲁吉亚地处欧亚交界，是丝绸之路经济带上欧亚地区的重要节点，中格自贸协定谈判是中国在本地区乃至整个丝绸之路经济带上首个正式启动并达成协议的自贸谈判，也是中国在欧亚地区完成的第一个自贸协定谈判。

2. 有利于全面提升中格两国务实合作水平，带动地区经济发展。协定实现了内容全、水平高、利益平衡的目标，提升了双边贸易自由化、便利化水平，为企业创造了稳定、透明、公平的营商环境。协定实施后，必将促使两国经贸合作取得新突破，贸易规模和水平将会有进一步提升。

3. 将有力促进格鲁吉亚经济发展。协定的签署得到了格鲁吉亚政府和工商界的热烈欢迎。据格鲁吉亚经济界人士测算，中格自贸区成立后，10-15 年内，中格双边贸易额将有望翻番。格鲁吉亚每年经济增速将因此提升约 1.5 个百分点，中国对格出口将年均增长 20%－30%。

4. 推动中国企业辐射欧亚地区市场，也为格鲁吉亚带来中国市场的巨大机会。格鲁吉亚与俄罗斯等 8 个独联体国家，及欧盟、土耳其等均签有自贸协定。中国企业在格鲁吉亚投资设厂，有助于拓展周边市场。以协定为突破口，推动更多高技术、高品质的"中国制造"进入格鲁吉亚，使格鲁吉亚逐步成为中国企业通向欧亚地区的通道和桥梁，同时把格鲁吉亚葡萄酒、矿泉水等优质产品以及优质服务带给中国消费者。

项目点评

格鲁吉亚与中国签署的自贸协定将帮助格鲁吉亚吸引更多外资并促进经济发展。我们已经同周边国家包括欧盟签署了自贸协定。现在我们同中国达成了自贸协定，这对于我们国家创造就业、未来吸引更多外资和发展出口导向型经济十分重要。同中国签署自贸协定是格鲁吉亚迈出的重要一步，它打开了格鲁吉亚未来经济快速增长的大门，并将使格鲁吉亚逐步恢复其历史上享有的地缘重要性。

——格鲁吉亚总理 克维里卡什维利

中格自贸协定充分体现了两国合作的高水平。仅用时不到一年就达成协议，显示了两国政府的高度重视和积极推动。协定生效后将促进格鲁吉亚对华出口，拉动中国对格投资，极大推动两国经贸关系在未来的发展。

——格鲁吉亚副总理兼财政部长 库姆西什维利

中格自贸协定正式生效后，物美价廉的中国产品将更多地进入到格鲁吉亚市场，不但满足格鲁吉亚民众的日常需求，还能有效降低当地的物价水平。同时，格鲁吉亚优质的葡萄酒、矿泉水和农产品等也将得以零关税大量进入中国这个广阔的市场，为格鲁吉亚带来不菲的出口收益。这对中格而言是个双赢。

——格鲁吉亚工商界人士

46 中国－东盟自贸区：构建牢固的命运共同体

在位于中越边境的广西浦寨边贸点经常可以看到，一辆辆载满水果的大卡车川流不息，来自东盟国家的火龙果、榴莲等热带水果从这里源源不断地进入中国市场，中国的苹果、梨等水果从这里进入东盟市场。零关税让这里成为中国面向东盟的最大水果进出口口岸。

从 2002 年"早期收获计划"到 2004 年的《货物贸易协议》实施，从 2007 年的《服务贸易协议》实施到 2010 年中国－东盟自由贸易区建成，从"黄金十年"到自贸区升级的"钻石十年"……中国－东盟自贸区从提出到建成、再到全面升级，产生了巨大市场潜力，中国与东盟国家之间正在共同建起应对全球经济跌宕起伏的"命运共同体"。

2002 年 11 月,在柬埔寨金边召开的第六次中国－东盟"10+1"领导人会议上,中国与东盟领导人签署了《中国与东盟全面经济合作框架协定》,自此启动了中国－东盟自由贸易区的建设进程。

根据《框架协定》,2004 年 1 月 1 日,中国－东盟自由贸易区的先期成果"早期收获计划"开始实施。2004－2010 年间,从《货物贸易协议》和《争端解决机制协议》的签署,到 2005 年《货物贸易协议》实施、2007 年《服务贸易协议》实施,再到 2010 年,中国和东盟成员国绝大多数产品关税降为零,自由贸易区正式建成。中国－东盟自贸区拥有 19 亿人口、近 6 万亿美元 GDP 和 4.5 万亿美元贸易总额,成为由发展中国家组成的最大的自由贸易区。2015 年,中国与东盟四个新成员国(柬埔寨、老挝、缅甸、越南)之间绝大多数产品的关税也降为零。

"升级版"推动区域经济一体化加速前行

在自贸区框架内,中国和东盟 90% 以上的商品实现了零关税,由此带来了双方贸易的快速发展。多年来,中国是东盟第一大贸易伙伴,东盟是中国第三大贸易伙伴。中国与东盟的双边贸易额从 2004 年的 1059 亿美元逐年增长至 2008 年的 2311.2 亿美元,2016 年时这一数据已高达 4522 亿美元。与此同时,自贸区也有效带动了双边投资。截至 2016 年底,中国与东盟累计相互投资超过 1600 亿美元。2017 年 1－4 月,在中国投资超过 1 亿美元的"一带一路"沿线 12 个国家中,东盟国家占了 7 个,中国已成为柬埔寨、老挝等国的最大外资来源国。

然而,中国－东盟自贸区存在的"贸易长、投资短"现象,让推进中国与东盟经济的深度融合面临困难,亟待升级。于是,2015 年 11 月 22 日,中国与东盟十国正式签署中国－东盟自贸区升级谈判成果文件,标志着中国－东盟自贸区进一步向高水平迈进。

得益于"升级版"的打造，区域内的投资和技术合作方兴未艾。中国企业给泰国带去了先进的糖业设备和工艺技术，泰国企业给中国带来了先进的管理和甘蔗种植技术。

广西人文社会科学发展研究中心副主任徐毅认为，东盟国家正在积极推进工业化和城镇化，对外来资金、设备、技术有迫切需求，而中国在相关领域具有资金、技术、管理多方面的优势。在自贸区框架下，中国－东盟相关产业正加速融合，最终带动东盟国家相关产业升级和工业化水平提升。

金融合作守护 19 亿人的"共同财富"

一方面是全球经济形势跌宕起伏，复苏步履缓慢；另一方面是中国－东盟自贸区民众的巨大财富积累，需要更大的"篮子"来容纳。在这一过程中，中国－东盟自贸区的金融合作，与产业升级换代密切相关，为自贸区 19 亿人守护"共同财富"。

中国与东盟金融合作稳步推进，"叠加效应"明显，跨境人民币结算总量迅猛增长。2013 年 7 月，东兴国家重点开发开放试验区（简称东兴试验区）获批开展个人跨境贸易人民币结算业务，成为继义乌之后全国第二个开展个人跨境贸易人民币结算的先行先试地区。作为中国－东盟自贸区核心区域的广西，已有 22 家银行的 298 个分支机构开办了跨境人民币业务，2620 家企业办理了人民币跨境贸易和投资结算，102 个国家和地区与广西发生跨境人民币收付。2010 年至 2017 年 6 月底，广西跨境人民币累计结算量达 7957 亿元。

在先行先试方面，推动了东兴试验区人民币与越南盾兑换试点，培育南宁首家个人本外币兑换特许机构。人民币与越南盾个人本外币特许兑换在客户范围、业务范围、业务种类、兑换额度、备付金账户开立等方面实现突破，试点地域从东兴扩大到凭祥市。

中国与东盟国家还拓展了人民币回流机制，跨境人民币贷款成功落地。截至 2017 年 6 月底，广西沿边金融改革试验区已有 14 家企业从新加坡、泰国等东盟国家境外银行融入资金，贷款签约项目 22 个，合同金额 59 亿元，提款金额 57 亿元。综合融资成本比境内同期基准利率约低 1 个百分点，主要投向港口贸易、基础设施建设、清洁能源等符合宏观调控和产业政策导向的领域。

中国还扩大了东盟国家金融机构纳入 RQFII（人民币合格境外投资者）试点范围。中国人民银行副行长殷勇认为，"一带一路"建设为中国－东盟金融合作提供了广阔的前景和空间，跨国互联互通、国际产能和装备制造合作等催生了新需求。殷勇介绍，目前，东盟国家在中国设立了 30 多家银行机构，中资银行机构与东盟各国银行建立的代理行、境外账户行超过 150 家。中国与东盟国家双边开展本币互换总额度达 5500 亿元人民币，东盟国家的 RQFII 总额度达 2000 亿元人民币。

今后，中国与东盟国家之间的金融交流合作将继续扩大：进一步加大与东盟国家跨境人民币业务创新力度，加大适应中国－东盟自贸区升级版的投资贸易便利化政策应用力度，推动人民币逐步成为东盟国家的主要结算货币、投资货币和储备货币，打造人民币区域性国际化的先行先试区。

促进中国与东盟"同呼吸、共命运"

东盟是推进"一带一路"建设合作的重点地区。加强战略对接、深化人文交流，是促进中国与东盟民心相通的重要举措，让中国与东盟国家"同呼吸、共命运"。

近年来，中国在推进"一带一路"建设过程中积极寻求与东盟各国的发展战略对接，继续推进澜沧江－湄公河、中国－东盟东部增长区等次区域合作，共同促进区域发展与繁荣。

不少东盟国家也已感受到"一带一路"建设带来的红利。在文莱，华为协助当地运营商兴建了文莱的第一张 3G 网络、第一张 4G 网络，已经服务当地 40 多万人口，持续便利当地人民的沟通与生活。

泰国驻南宁总领事蔡乐说，"一带一路"倡议提出建设六大经济走廊，其

图为 2015 年 11 月 22 日中国与东盟自贸区升级协议《议定书》在吉隆坡签署

中之一就是中国－中南半岛经济走廊，这与东盟提出的互联互通等规划非常契合，泰国作为东南亚大陆中心，在建设中国－中南半岛经济走廊方面可发挥重要作用。

中国教育部部长助理郑富芝表示，深化教育交流与合作有利于推动区域经济社会的发展，促进各国民心相通和人文交流。在教育合作方面，近年来双方互派留学生接近 20 万人次，还有不少东盟国家老师和学生前来我国职业院校培训、留学。以广西为例，广西与东盟各国近 200 所院校建立合作关系。在广西的东盟国家留学生达 3.7 万多人，广西成为全国招收东盟国家留学生最多的省区之一。

高新技术合作也是中国与东盟各国共同关注的合作热点。中国－东盟技术转移中心已与文莱首相府能源和工业部、印尼科学院、越南技术转移中心、老挝亚太卫星有限公司等各方签署技术转移方面的合作文件。在第 14 届中国－东盟博览会上，智能制造装备展区的双尾蝎无人机、智能机器人、3D 打印、智能消费电子等高新科技产品成为了"明星"。

众多研究东盟问题的专家、学者及东盟高层官员认为，中国－东盟自贸区升级版作为"一带一路"倡议中的重要组成部分，通过从货物贸易到服务贸易，从旅游互免签证到文化交流，从实体经济到金融合作，从顶层设计到细节布局，将"一带一路"合作重点的政策沟通、设施联通、贸易畅通、资金融通、民心相通逐一落到实处。

项目点评

越南是中国－东盟自贸区的受益者。越南和中国正推动"两廊一圈"规划与"一带一路"倡议的对接，这将有助于扩大两国以及与其他国家之间的贸易与投资，不断开拓市场，吸引更多投资建设基础设施。进行战略对接，将让两国企业特别是中小企业，有更多机会深入参与区域及全球价值链，通过应用最新科技成果，提高产品和产业的附加值。

—— 越南国家主席 陈大光

中国－东盟自贸区的建成给中国、马来西亚带来巨大发展空间，我们支持打造中国－东盟自贸区升级版的倡议，东盟与中国之间的双边贸易额将有望在 2020 年前达到 1 万亿美元。我希望这些倡议能够给整个区域带来中期和长期的更大繁荣。

—— 马来西亚总理 纳吉布

中国－东盟自贸区的建成及后来的发展，使得我们欣喜地看到东盟和中国正在紧密合作，落实具体措施，推动亚洲成为全球经济增长引擎。我们受到了中国提出的"一带一路"倡议的启发。我们要祝贺中国提出这一愿景，加强世界不同地区的互联互通。这更加凸显加强各领域互联互通的重要性，包括基础设施开发、贸易、金融、投资和最为重要的人员交流。

—— 文莱苏丹 哈桑纳尔·博尔基亚

47 中哈产能合作基金：
以资金融通促项目落实

位于首都阿斯塔纳的哈萨克斯坦国家博物馆内，古丝绸之路文物陈列柜吸引了众多游客驻足观赏。

两千多年前，先人艰难开通的古代丝绸之路促进了世界几大文明的交流互鉴；今日，"一带一路"倡议将推动亚欧大陆联系更加紧密。2015 年，丝路基金出资 20 亿美元设立了中哈产能合作基金，是以资金融通促产能合作项目落实的成功范例。

哈萨克斯坦总统纳扎尔巴耶夫于 2014 年 11 月 11 日宣布实施"光明之路"新经济政策，即通过投资促进经济结构转型，继而拉动增长，其核心就是哈萨克斯坦的基础设施建设计划。中哈产能合作是"一带一路"倡议与"光明之路"新经济政策对接的一项重要内容，是中哈两国领导人 2014 年 12 月会谈时商定的合作项目。

近年来，中哈产能合作快速推进，双方已经签署了政府间的产能合作协议，建立了常态化的合作机制，举行了 13 次政府间对话。

在推动中哈产能合作的诸多工具中，金融支持是一支重要的力量，但由于资本有较强的投机性和多变性，所青睐的投资领域很有可能不属于中哈产能合作的重点领域。因此，急需通过两国政府政策推动、充分沟通，形成一个官方、高效的金融机构，专门支持中哈产能合作快速发展。于是，中哈产能合作基金应运而生。

哈萨克斯坦与中国这几年都面临着经济下行的压力，双方的合作有利于应对压力，保持经济健康发展。中哈之间近年进行了多次政府间对话，每次对话都会探讨政府部门怎么为企业服务，双方怎么创造好的投资环境。

目前，中哈已经形成总金额 270 亿美元的重点合作项目清单，随着产能合作基金的成立，中哈设立了一期 150 亿美元的中哈产能合作专项贷款。双方还落实了政府间签证便利化的安排，推动了一批重点项目的落地，发挥了显著的示范带动作用。截至 2017 年 5 月，有一批项目已经竣工投产，如阿克托盖年产 2500 万吨铜选厂、巴甫洛达尔年产 25 万吨电解铝厂、里海年产 100 万吨沥青厂、梅纳拉尔日产 3000 吨水泥厂等，还有阿特劳炼油厂石油深加工项目、阿拉木图钢化玻璃厂、10 万吨大口径螺旋焊钢管等项目正在实施。这些项目的投建，在填补了哈萨克斯坦电解铝、铜采选、高端油品、特种水泥等产业空白，推动当地工业化进程的同时，提供了大量就业岗位，促进了经济发展。

据了解，中哈双方将继续深化经济社会和产业发展的对接，加强指导，共同编制产能合作规划，扎实推进重点项目落地，将中哈产能与投资合作引向深入。目前，双方正在探索建立涵盖投资、生产、销售、配套服务的一条龙产能合作模式。中方由丝路基金有限责任公司负责中哈产能合作基金设立及运作，改善贸易结

图为阿克托盖铜选厂外部景观

构，扩大农产品贸易；深化和拓展能源合作；推进物流基地建设，提升区域互联互通水平，为双方人员往来创造更加便利的条件。

正如哈萨克斯坦欧亚资源集团首席执行官索博特卡所言，"我们不需要拥有海洋，因为中国就是哈萨克斯坦的大海。"中方以大海的博大胸怀与"一带一路"相关国家共建共享当代文明，中哈产能合作基金的发展历程充分体现了"互利共赢"的丝路精神，通过不断扩大政策沟通和资金融通，实现中哈两国在产能合作建设领域的全面开花结果。

项目概况

中哈产能合作专项基金是丝路基金成立以来设立的首个专项基金。

2015年12月14日，丝路基金与哈萨克斯坦出口投资署在北京签署了《关于设立中哈产能合作专项基金的框架协议》。根据框架协议，建立中哈产能合作专项基金，重点支持中哈产能合作及相关领域的项目投资。中哈产能合作基金有限责任公司于2016年12月在北京注册，基金规模为20亿美元，由丝路基金先行出资，重点支持中哈产能合作及相关领域的项目投资。

专项基金支持的投资项目由双方共同推荐。哈方负责落实哈国相关优惠政策，并协调各相关方解决合作中出现的问题，确保项目落实。丝路基金积极与哈方金融机构及企业进行对接，开展合作。

2017年6月，中哈两国政府签署关于中哈产能合作基金在哈萨克斯坦进行直接投资个别类型收入免税协议，有助于更好地发挥基金在"一带一路"建设和中哈产能合作中的融资支持和投资带动作用。

项目意义

1. 以资金融通助力中哈产能合作常态化、机制化、扩大化，发挥产能互补优势。哈萨克斯坦是中国在中亚第一大、独联体地区第二大贸易伙伴，中哈产能合作具有互补优势。在中哈产能合作基金支持下，中方积极与哈方金融机构及企业进行对接，开展大规模产能合作，基金的成立意味着双方就产能合作建立了常态化合作机制，成为发挥各自优势的互利共赢之举。

2. 政策沟通对接的成功探索。中哈产能合作基金不仅可将"一带一路"倡议同哈萨克斯坦"光明之路"计划对接，助力各自经济发展，还可以为相关国家开展产业产能合作提供示范。

3. 中国与中亚地区务实合作典范。地处亚欧大陆的哈萨克斯坦不仅是丝绸之路经济带的重要支点，也是欧亚经济联盟的主要成员。中哈两国在产业和金融领域务实合作取得丰硕成果，为"一带一路"建设特别是中国与中亚地区金融助推产能合作树立了典范。

项目点评

有效落实哈萨克斯坦与中国产能合作项目的重要性需要得到强调。一方面，哈中合作同其他中亚国家合作一样，都是为了建立起一个能源合作的基本框架，这也是中国周边外交的一个重要组成部分。另一方面，通过哈中产能合作，推进地区的稳定，推动共赢合作的安全格局出现。

——哈萨克斯坦总统 纳扎尔巴耶夫

哈中产能合作取得了可喜的早期收获，充分表明产能合作是一个宏伟构想。哈方高度重视中方提出的丝绸之路经济带、"中国制造2025"、"互联网＋"等一系列发展战略，愿同中方积极对接，深入推进产能合作，并从金融、人力资源等方面加大支持力度，进一步拓展油气开发、管道建设、核电等资源合作项目，加强基础设施建设、金融、农业、航天、环保等领域合作，扩大地方、教育等领域交往，促进人员往来。

——哈萨克斯坦前总理 马西莫夫

以前哈萨克斯坦没有出海口，但"一带一路"建设使哈拥有了直通太平洋的出海口，我们有铁路通往连云港，并在那里建有专用码头。中国发往欧洲的中欧班列，绝大多数过境哈萨克斯坦，有了新亚欧大陆桥，中国商品可以快速到达汉堡、伊斯坦布尔等地消费者手中。

——哈萨克斯坦首任总统基金会世界经济与政治研究所所长
萨尔特巴耶夫

48 中国－中东欧基金：
打造"一带一路"区域性金融支点

2016 年 11 月，拉脱维亚首都里加的初冬季节气温已经接近零度。天气的寒冷丝毫未能掩盖人们心头的暖流，第五次中国－中东欧国家领导人会晤，中方倡议成立的中国－中东欧金融控股有限公司正式诞生，中国国务院总理李克强在里加与拉脱维亚总理库钦斯基斯共同为其揭牌。中国第一个政府支持的非主权类海外投资基金——中国－中东欧基金同时正式成立，计划撬动项目信贷资金 500 亿欧元。这是"一带一路"建设中一个有里程碑意义的金融平台。

作为"16+1 合作"框架的重要组成部分，中国－中东欧基金规模为 100 亿欧元，目标市场定位中东欧国家，并可延伸至与中国－中东欧合作相关的其他欧洲国家，重点关注基础设施建设、高新技术制造、大众消费等行业的投资合作机会。

目前，波兰、捷克、拉脱维亚等中东欧国家，以及中外资企业、金融机构和各类社会资本，均在积极接洽入资。在投资管理方面，除中国工商银行外，该基金还引入了中国人寿、复星集团、金鹰国际集团等具有影响力和丰富投资经验的合作伙伴。

中国－中东欧基金董事长姜建清表示，中国与中东欧国家不断深化经贸往来，中国－中东欧基金可以提供更加市场化、商业化的金融服务，满足相关方面产能合作日益增长的资金需求，提高产业投资的商业可行性。

中国－中东欧基金能在很短的时间里取得飞速发展，主要经验有四方面：

一是以市场为导向，坚持商业原则运作。该基金由政府支持，以商业原则运作，并以市场为导向。因此，中国－中东欧基金被视作中国首个非主权类海

▌图为中国－中东欧金融控股有限公司铭牌

外投资基金。

二是对接产业结构互补领域，实现协同发展。中东欧国家与中国在产业结构上的互补性强，具备合作的内在驱动，有利于实现协同发展。双方可在基建、装备、新能源、消费等诸多领域开展对接，推动国际产能合作和优势产业对接，进而带动管理、技术、人才的充分交流，解决经济、贸易、就业等领域的诸多问题。

三是针对当地经济发展特点，有的放矢建平台。中国－中东欧基金结合中东欧的区域特征和发展诉求，创新金融服务模式，以商业化、市场化模式为主，以股权投资基金为突破口，带动信贷资金跟进，带动全球投资人关注中东欧市场。

四是有效整合智库资源，为繁荣经贸保驾护航。2017年，中国－中东欧基金和中欧国际工商学院联合发起在上海成立中东欧经济研究所，定位为专业、开放的现代化智库，通过研究中东欧16国及相关国家的经济、金融、产业、投资、贸易及人文和社会领域，找到利益契合点，找准适合中国与中东欧国家合作的模式，为中国及中东欧国家企业提供智力支持和科研服务，实现合作发展的可持续性。

作为"一带一路"上的重要节点，中东欧国家区位优势明显，人口素质较高，投资环境良好，市场化程度也较高，与中国经济互补性强，有利于实现协同发展。中国－中东欧基金的成立，可以提供更加市场化、商业化的金融服务，满足中国－中东欧产能合作日益增长的资金需求，通过全球资本嫁接和中国动力注入，搭建区域性的产业和资本平台，提供领先的"商行＋投行＋投资"一体化金融解决方案。

中国与中东欧国家传统友谊深厚，合作历史悠久。近年来，中东欧国家整体经济呈增长态势，发展潜力巨大。新形势下，特别是面对国际金融危机的挑战，双方增进相互了解、加强经贸合作的意愿十分强烈。在"16+1合作"框架下，中国－中东欧基金已迈出了关键的一步。今后，将以创新服务搭建互联互通和产能合作的金融桥梁，发挥好引领和助推作用，为"16+1合作"注入金融新动力。

项目意义

1. 推进中国与中东欧国际产能合作和优势产业对接。中国和中东欧国家在基建、装备、新能源、消费等诸多领域具有开展对接的潜力，通过国际产能合作和优势产业对接，带动管理、技术、人才的充分交流，解决经济、贸易、就业等领域的诸多问题，推动中国与中东欧在基础设施建设、贸易便利和产能合作等领域互利共赢。

2. 立足中东欧区位优势，助力中国与欧洲经贸、产能合作深度发展。中东欧国家凭借独特的区位优势和良好的资源禀赋，始终在中国与欧洲大陆之间发挥着桥梁作用。在当今世界经济全球化的进程中，中国－中东欧合作日趋成为中欧合作的重要组成部分，更是"一带一路"建设融入欧洲经济圈的重要途径。

3. 聚合金融资源优势，创新国际金融合作的新模式。中国－中东欧基金是"全球化"和"金融创新"的一次重要实践，将聚合中国－中东欧乃至全球的资源优势，广泛吸引中外合作方共同参与，通过全球资本嫁接和中国动力注入，搭建区域性的产业和资本平台，提供领先的"商行＋投行＋投资"一体化金融解决方案，充分彰显"和平合作、开放包容"的丝路精神。

项目点评

中国和中东欧 16 国在历史和经济上一直都有许多联系和共同点，中国的经济发展模式给中东欧带来很多启迪。中国在机械、研究、教育和商业方面在中东欧做了不少项目，我们十分欢迎双赢的合作。

—— 布拉格新丝绸之路研究会主席、捷克前副总理兼外长
扬·科胡特

中东欧是"一带一路"投资中要特别关注的新兴市场，未来合作发展空间巨大。中国－中东欧基金不仅为中东欧地区带来资本，也带来中国合作伙伴，帮助中东欧国家的优势产品和服务进入中国市场，并开拓全球市场，支持中东欧地区的企业做优做强。

—— 中国－中东欧基金董事长 姜建清

部分"一带一路"相关国家金融资源相对缺乏。在金融需求及供给不匹配的情况下，中国有实力的金融机构加大在沿线国家支持力度，将有利于实现互利共赢。

—— 中国人民大学重阳金融研究院客座研究员 董希淼

后 记

经过近半年的艰苦努力，数易其稿，《"一带一路"倡议与早期成果选编》终于完成了。

全书分为两大部分。"总论"部分分为七章，系统阐述了"一带一路"倡议的深刻内涵、时代背景、重大意义，总结了"一带一路"建设 4 年多来取得的成果，梳理了国际社会对"一带一路"倡议的反响，展望了"一带一路"建设的未来。"早期收获案例选编"部分精选了 48 个典型案例，介绍了项目概况、最新进展、经验启示以及相关国家政要、媒体、普通民众的反应，以图文并茂的形式，力求生动展示"一带一路"建设早期收获成果以及相关国家政府和民众的获得感。

本书的编撰得到了商务部和新华社领导的高度重视和大力支持。钟山部长亲自提议并部署，钱克明副部长多次提出要求并直接指导。商务部相关司局、我驻外使馆经商机构提供了大量项目案例的权威信息，并对终稿反复审改。新华社中国经济信息社负责同志参与了本书的框架讨论。编写过程中，很多专家学者参加研讨，提出了大量宝贵意见和建议。清华美院的千哲老师应邀为本书设计了封面。在本书即将付梓之际，对有关方面的大力支持和鼎力相助，一并表示衷心感谢。

半年来，从搜集材料到拟定写作框架，从筛选项目到案例分析，商务部的宋立洪、李子慧、刘鹏、刘苏文、刘彬等同志，新华社的曹文胜、胡柳、李志兰、晏海运、荣忠霞、张爱芳、于惠、刘小云等同志，加班加点，付出了大量辛勤的劳动。新华社专门组成由胡柳、李志兰、荣忠霞同志为主的案例编写小组，在分析已有素材的基础上，组织驻外分社和国内分社记者对所有案例项目再次进行了实地调研、采访和拍摄。张超、李晓玲、何丰伦、徐海静、刘春涛、陈永强、汪慕涵、罗浩、张拓、仝玮、史春姣、周懿、何丽丽、崔璐、杨林、李璐等同志参加了案例编写，季伟、唐璐、刘咏秋、杨元勇、金正、毛鹏飞、刘彤、陈家宝、魏忠杰、关建武、林晓蔚、庄北宁、郑凯伦、陈序、韩梅、石中玉、王义、易爱军、李铭、王民、李震、杨梅菊、胡章俊等同志参加了案例调研和采访。

本书编撰出版时间紧，工作量大，虽反复研究校核，错漏之处在所难免，尚祈读者与专家批评指正。

《"一带一路"倡议与早期成果选编》编委会

2018 年 1 月

图书在版编目（CIP）数据

"一带一路"倡议与早期成果选编 / 商务部编写组编著 .
— 北京：新华出版社，2018.1
ISBN 978-7-5166-3827-9

Ⅰ . ①一… Ⅱ . ①商… Ⅲ . ① "一带一路" – 国际合作 –
研究 Ⅳ . ① F125

中国版本图书馆 CIP 数据核字（2018）第 015062 号

"一带一路"倡议与早期成果选编

编　　著：商务部编写组

选题策划：张永杰　　　　　　　　　　　责任编辑：张永杰
整体设计：乐品品牌策划（北京）有限公司

出版发行：新华出版社
地　　址：北京市石景山区京原路 8 号　　　邮　　编：100040
网　　址：http://www.xinhuapub.com
经　　销：新华书店
购书热线：010-63077122　　　　　　中国新闻书店购书热线：010-63072012

照　　排：北京胜客科技有限公司
印　　刷：北京荣泰印刷有限公司
成品尺寸：170mm×240mm
印　　张：19.25　　　　　　　　　　　字　　数：156 千字
版　　次：2018 年 1 月第一版　　　　　印　　次：2018 年 1 月第一次印刷
书　　号：ISBN 978-7-5166-3827-9
定　　价：128.00 元